위기에 빠진 발랄라 공화국

민주주의를 부탁해

고고 지식 박물관 43

위기에 빠진 발랄라 공화국
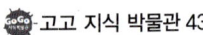

글 강여울 | 그림 김미규

초판 1쇄 펴낸날 2010년 7월 30일 | **초판 3쇄 펴낸날** 2018년 5월 15일
펴낸이 최만영 | **편집장** 한해숙 | **기획** 우리누리 | **편집** 최현정 | **디자인** 디자인 알도
마케팅 박영준 | **경영지원** 김효순 | **제작** 강명주, 박지훈
펴낸곳 ㈜한솔수북 | **출판등록** 제2013-000276호 | **주소** 03996 서울시 마포구 월드컵로 96 영훈빌딩 5층
전화 02-2001-5818(편집), 02-2001-5828(영업) | **전송** 02-2060-0108
전자우편 isoobook@eduhansol.co.kr | **북카페** cafe.naver.com/soobook | **페이스북** www.facebook.com/soobook2
ISBN 978-89-535-7284-3 74430 | **ISBN** 978-89-535-3408-7(세트)

ⓒ 2010 우리누리·㈜한솔수북
※저작권법으로 보호받는 저작물이므로 저작권자의 서면 동의 없이 다른 곳에 옮겨 싣거나 베껴 쓸 수 없으며 전산장치에 저장할 수 없습니다.
※값은 뒤표지에 있습니다.

어린이제품안전특별법에 의한 제품 표시
품명 도서 | **사용연령** 만 8세 이상 | **제조국** 대한민국 | **제조자명** ㈜한솔수북 | **제조년월** 2018년 5월

한솔수북의 모든 책은 아이의 눈, 엄마의 마음으로 만듭니다.

위기에 빠진 발랄라 공화국

민주주의를 부탁해

머리말

　우리나라는 민주주의 국가예요. 민주주의 역사가 오래된 나라들과 견주면 아직 조금 모자란 면이 있지만, 우린 옛날보다 훨씬 자유롭고 평등하게 살고 있어요. 먹고 싶은 것을 먹고, 가고 싶은 곳에 가고, 이루고 싶은 꿈을 꾸며 살아요. 또 부자와 가난한 사람, 많이 배운 사람과 못 배운 사람, 힘센 사람과 약한 사람의 차이는 있지만, 이런 차이 때문에 차별받지도 않아요.
　"뭐가 그래? 아직도 우리 사회에는 차별이 많다고!"
　이렇게 투덜거리는 사람도 있겠지만, 적어도 헌법에서는 자유와 평등을 보장해요.
　그런데 이런 자유와 평등이 어느 날 갑자기 하늘에서 뚝 떨어진 것은 아니에요. 지금 우리가 누리고 있는 민주주의는 '사람은 평등하지 않다.' '태어날 때부터 귀한 사람과 천한 사람은 따로 있다.'는 잘못된 믿음과 오랜 시간 싸워서 얻어 낸 거예요. 그 싸움은 때론 목숨을 바쳐야 할 만큼 무섭고 끔찍했어요. 많은 사람이 감옥에 끌려가고, 고문을 당하고, 피를 흘리고, 목숨을 잃었어요. 거친 비바람에 꺾여 산산이 흩어진 꽃잎처럼, 사람들은 슬픈 역사의 제단 위에 송두리째 자신을 바쳤어요. 그래서 '민주주의는 피를 먹고 자란다.'는 슬프고 무서운 말까지 생겨났어요.
　민주주의는 누구나 행복하게 살자는 것인데 왜 그렇게 힘들게 이루었냐고요? 그럴 것 같지만 세상에는 민주주의를 바라지 않는 사람도 많아

요. 세상에는 남과 나누지 않고 혼자만 잘 먹고 잘살고 싶은 사람이 늘 있게 마련이거든요. 독재자가 생겨나는 것도 이런 이기심과 욕심 때문이에요.

  사실 민주주의에는 완성도 끝도 없어요. 우리가 관심을 기울이지 않는 바로 그 순간, 민주주의는 이런 사람들한테 짓밟혀 사라질 수도 있어요. 민주주의가 사라진 그 자리에서 온갖 불평등과 억압, 독재가 독버섯처럼 자라겠지요. 민주주의를 잘 지키려면 우리 정신이 늘 깨어 있어야 해요. 독재를 바라는 사람들도 겉으로는 민주주의를 바라는 것처럼 말하고 행동하거든요. 나라의 주인인 국민이 똑똑해지지 않으면, 두 눈 멀거니 뜬 채 주인의 권리를 도둑맞고 말아요.

  가장 중요한 것은 우리 하나하나가 민주주의의 가치를 진심으로 믿는 거예요. 민주주의를 지키려면 자유와 평등이 옳다는 믿음, 이기심과 욕심을 버릴 수 있는 아름다운 마음, 독재자와 맞서 싸울 수 있는 굳센 용기가 있어야 해요. 민주주의는 비바람 속에서 아프게 피어난 꽃, 그래서 정성을 다해 보살피지 않으면 꺾이기 쉬운 꽃이란 사실을 잊지 마세요!

글쏨이 강여울

차례

머리말	04
나오는 사람들	08
아, 옛날이여!	10
'모든 사람은 평등하다.'고 누가 외쳤을까?	18
비밀 집회	20
왕의 힘은 어디에서 나올까?	32
돌아온 에고무서우스	34
모든 나라에 대통령이 있을까?	50
용가리 박사 납시오!	52
민주주의 나라에서도 국민한테 의무가 있을까?	66

민주주의가 뭔지 좀 알아? 68
민주주의의 반대는 공산주의? 84

에고무서우스를 대통령으로! 86
대통령과 국회의원, 어떤 일을 할까? 106

민주주의는 국민의 힘으로 108
국민이 정치에 참여할 수 있는 방법에는
무엇이 있을까? 128

우리나라 민주주의는 어떻게 발전했을까? 130

나오는 사람들

허수아비
신분: 팔자수염과 같음.
나이: 아마도 검은모자와 팔자수염 사이.
성격: 약삭빠르고 잔머리를 잘 굴림.
패션: 이것저것 따질 형편 아님.
꿈: 다시 귀족이 될 뿐 아니라 대통령의 배후 조종자가 되리라!
비밀: 폭삭 망해 버린 집안.

용가리박사
신분: 모름.
나이: 모름.
장기: 입에서 불 뿜기. 엄청난 지식.
성격: 파충류처럼 차갑지만 가끔 폭발.
패션: 두꺼운 책이 잔뜩 든 커다란 가방.
꿈: 모름.
비밀: 아무도 모름.

금이빨
신분: 귀족(인 줄 알았는데 알고 보니…….)
나이: 허수아비보다 젊지 않을까?
성격: 비굴하지만 가끔 오만불손.
패션: 입 안 가득한 누런 금이빨.
꿈: 귀족들 틈에 끼어 보리라!
비밀: 너무 평범한(?) 엉덩이

아, 옛날이여!

　시끌벅적한 술집 한구석에서 남자 넷이 술을 마시고 있었어요. 날렵하게 뻗친 팔자수염 끝을 손가락으로 꼬아 올리던 남자가 맞은편 남자의 모자를 가리키며 투덜댔어요.
　"쯧쯧, 아직도 그런 구식 모자를 쓰고 다니나? 세상이 바뀐 지가 언젠데……."
　"이 모자가 어때서? 이 높다란 모자만큼 우리 가문을 빛내 주는 게 어디 있다고?"
　남자는 자랑스럽게 모자를 내밀어 보였어요.
　"이렇게 높다란 모자는 귀족 가운데 귀족, 다시 말해 왕의 친척이 아니면 쓸 수 없지. 우리 가문 남자들은 이 모자를 잠잘 때도, 화장실갈 때도 절대절대 벗지 않아."

남자의 모자는 정말 높고도, 높고도, 또 높았어요. 천장을 뚫고 지붕 밖으로 튀어나갈 것처럼요. 크게 헛기침을 하고 나서 남자는 얼굴을 찡그리며 말했어요.

"그러는 자넨 그 간신 같은 얌생이 팔자수염을 왜 여태 기르고 다니나? 쯧쯧, 스타일이 영 구려요, 구려."

"간신 같은 얌생이 수염이라니? 이 수염이야말로 우리 아버지의 아버지의, 증조할아버지의 증조할아버지의, 고조할아버지의 고조할아버지 때부터 내려온 우리 가문만의 귀족스러운 스타일이 아니겠나? 흠흠."

팔자수염이 이렇게 거들먹거리자 구석 자리의 남자도 입을 열었어요. 그러자 검은모자와 팔자수염은 눈이 부셔서 질끈 두 눈을 감았어요. 남자의 입에서 태양처럼 누런 빛이 뿜어져 나왔거든요.

"헐헐헐, 옛날 얘기라면 우리 가문도 빠질 수 없지. 우리 가문에는 이 나라 시조 왕이 손수 내린 금송아지가 전해 오지 않나?"

남자가 입 안에 가득한 금이빨을 번쩍이며 뽐냈어요.

"어유, 또 그놈의 금송아지 이야기! 한 번 만져 보기라도 하고 이런 얘길 들으면 억울하지나 않겠네."

"글쎄, 이 이빨이 증거래도! 그 금송아지를 잃어버릴까 봐 자나깨나 걱정하던 27대조 할아버지께서 그 송아지를 녹여 금이빨로 만들었지."

"퉤퉤, 에구 더러워. 그럼 자네 집안은 금이빨을 대대로 물려받는단 말인가?"

팔자수염이 바닥에 침을 뱉으며 중얼거릴 때였어요. 음침한 얼굴로 이들을 둘러보던 마지막 남자가 술잔으로 탁자를 꽝 내리쳤어요.

"으흐흐, 옛날이라……. 옛날. 그래, 그땐 좋았지."

남자는 갑자기 고개를 푹 떨구었어요. 그러고는 소름 끼치게 낮고 어두운 목소리로 말했어요.

"다 집어치워. 이제 세상은 바뀌었어. 왕과 귀족들의 아름다운 세상은 끝났다고! 아아, 누구나 평등한 이 더러운 세상!"

신음을 토하듯 괴롭게 말하는 남자는 함께 있는 다른 남자들과는 어울리지 않았어요. 검은모자와 팔자수염, 그리고 금이빨은 척 보기에도 돈 많은 티가 났어요. 하지만 남자는 깡마른 몸에 낡은 옷을 걸치고 있었어요. 그 이름은 허수아비! 얼굴은 적어도 스물다섯 끼는 굶은 것처럼 배고파 보였어요. 들판에 있는 진짜 허수아비도 이 남자보다는 부자일 것 같았어요.

허수아비의 말에 검은모자가 아이처럼 훌쩍거렸어요.

"그래, 그래! 아름다운 세상은 끝났어. 거, 뭐라더라? 민주주의라나, 만두주의라나, 그거 때문에."

"뭐? 만두? 나 만두 좋아하는데……. 아, 만두 먹고 싶어라."

팔자수염은 만두 타령을 하는 금이빨을 째려보았어요. 그러고는 구슬픈 목소리로 이렇게 노래했어요.

"아아, 옛날이여! 지난 시절 다시 올 수 없나……."

"뎅뎅뎅! 뎅뎅!"

그때 광장의 교회 종탑에서 밤 아홉 시를 알리는 종소리가 들려왔어요. 허수아비의 눈이 반짝 빛났어요.

"자, 때가 되었소. 이제 그만 일어납시다."

 네 남자는 조용히 술집을 빠져나왔어요. 텅 빈 길을 달려가던 겨울 바람이 물어뜯을 듯 네 남자한테 달려들었어요.
 '아이고 그리워라, 따뜻한 내 침대! 하필이면 이렇게 추운 날 늑대가 튀어나온다는 그곳엘 가자니, 이게 웬 고생이람.'
 금이빨은 외투 깃을 귀까지 끌어당겼어요. 비밀 집회고 뭐고 다 귀찮기만 했어요.
 '민주주의인지, 만두주의인지, 그게 나랑 무슨 상관이야? 저놈들은 신분제도가 없어졌다고 울고불고 난리지만 돈만 있으면 되지, 그까짓 신분이 뭐가 중요해? 나야, 어차피…….'
 금이빨은 이들과 헤어져 집으로 달려가고 싶었어요. 하지만 허수아비가 무서웠어요. 이제 와서 발을 빼려고 했다가는 어떤 협박을 당할지 알 수 없었어요.

한 시간쯤 걷자, 마침내 늑대의 숲에 다다랐어요. 숲은 달빛도 없는 어둠 속에서 더욱 검게 보였어요. 간간이 늑대 울음소리가 들려올 때마다 팔자수염은 흠칫 몸을 떨었어요.

　'아이고, 무서워라. 이게 다 몹쓸 민주주의 때문이야. 그놈의 민주주의만 아니었다면 지금쯤 루비 아가씨한테 장가가서 행복하게 살고 있을 텐데…….'

　팔자수염은 생각할수록 분했어요. 여덟 해나 짝사랑해 온 아름다운 루비 아가씨를 노예 출신 젊은이한테 빼앗기다니.

　'옛날 같으면 어림없는 일이지. 노예 한 놈쯤 죽인다고 말썽 날 일도 없었고. 노예는 귀족의 재산이나 마찬가지였으니까. 그런데 뭐? 지금은 모든 사람이 평등하다고? 아이고 분해라!'

　팔자수염은 아름다운 루비 아가씨가 왜 천한 노예를 사랑하는지 이해할 수가 없었어요. 아무래도 못된 마법에 걸린 게 틀림없었어요. 하긴 마법에 걸린 건 부비 아가씨만이 아니었어요. 온 세상 사람들이 다 마법에 걸린 것 같았어요.

　사람들은 이제 왕이니, 귀족이니, 노예니 하는 아름다운 말들을 다 잊어버렸어요. 마지막 왕이 쫓겨난 지 겨우 백 년밖에 안 지났는데도요.

팔자수염은 무서움을 이기려는 듯 주먹을 불끈 움켜쥐었어요. 그러고는 보석 박힌 지팡이를 힘차게 휘두르며 걸었어요.

검은모자는 잇따라 '어이쿠, 어이쿠.' 소리를 내며 한참 뒤쳐져 따라왔어요. 높다란 모자가 나뭇가지에 걸릴 때마다 심장이 멈추는 것 같았어요. 나무 위에 무서운 유령이 숨어 있다가 가느다란 회초리로 모자를 세차게 후려치는 느낌이 들었거든요. 모자를 벗어 던지고 달아나고 싶었지만 귀족 체면에, 아니, 옛날에 귀족이었던 체면에 그럴 수는 없었어요.

무서운 건 그래도 참을 만했어요. 검은모자가 도저히 못 참겠는 건 이 거친 숲길을 자기처럼 신분 높은 귀족이 노예도 없이 제 발로 걸어가야 한다는 것이었어요. 당연히 훌륭한 마차를 타고 가야 했지만, 비밀 집회에는 귀족이 아닌 사람은 절대 데려올 수 없다지 뭐예요.

검은모자가 나뭇가지와 씨름을 하며 한 발 한 발 발걸음을 내딛고 있을 때였어요. 바로 옆 수풀 속에서 갑자기 파란 불빛이 나타났어요. 곧이어 두 개, 또 두 개······.

"으, 으악! 느, 늑, 늑대다!"

검은모자는 미친 듯 내달렸어요. 신분이 높은 귀족이라고 늑대가 안 잡아먹을 리는 없으니까요.

'모든 사람은 평등하다.'고 누가 외쳤을까?

프랑스 인권 선언문

우리는 '모든 사람이 평등하다.'는 생각을 당연하게 받아들이고 있어요. 물론 우리와 같은 자본주의 나라에서 부자와 가난한 사람이 똑같이 평등한 대우를 받는 것은 아니지만, 그렇다고 태어날 때부터 귀하고 천한 사람이 따로 있다고 생각하지는 않지요. 그런데 이런 생각이 당연해진 것은 놀랍게도 그리 오래된 일이 아니에요. 이런 생각이 사람들 마음속에 씨앗으로 숨어 있다가 마침내 싹을 뚫고 나온 것은 1789년에 일어난 프랑스 혁명 때였어요.

그때 프랑스는 인구의 2퍼센트에도 못 미치는 귀족들이 거의 모든 나라 땅을 차지하고, 농민들은 그 땅에서 농사를 지어 어렵게 살아갔어요. 더욱이 몇 해째 이어지는 흉작으로 농민들은 굶어 죽거나 거지가 되어 떠돌아다니는 형편이었지요. 하지만 귀족들의 삶은 사치스럽기 짝이 없었어요. 그 가운데에서도 루이 16세의 왕비 마리 앙투아네트는 낭비벽이 아주 심했어요.

마리 앙투아네트가 단두대의 이슬로 사라지기 전에 머물던 감옥 '콩시에르주리'

왕실 돈이 바닥나자 루이 16세는 세금을 더 많이 거둬들이려고 삼부회를 불러 모았어요. 삼부회는 성직자, 귀족, 시민 계급의 대표자 회의였는데, 성직자와 귀족들은 시민 계급의 대표자들을 업신여기고 따돌렸지요. 화가 난 시민 대표들은 따로 테니스 코트에 모여 국민의회를 꾸렸는데, 루이 16세가 군대를 동원해 국민의회를 해산하려고 했어요.

　자신들의 요구를 들어주기는커녕 군대의 힘으로 짓밟으려 하자 프랑스 시민들이 한꺼번에 들고 일어났어요. 7월 14일 프랑스 시민들은 바스티유 감옥을 공격했는데, 이 사건이 프랑스 혁명의 신호탄이 되었어요. 바스티유 감옥과 함께 프랑스 왕정은 무너지고 혁명정부가 들어섰어요.

　프랑스 혁명 때 발표한 '인권 선언'은 '모든 사람은 평등하다.'고 외치고 있어요. 이보다 조금 앞서 나온 미국의 '독립 선언문'에도 '사람은 누구나 평등하다.'는 생각이 담겨 있지만, 프랑스 인권 선언은 훨씬 많은 사람들한테 영향을 미쳤어요.

테니스 코트에 모인 시민들 모습을 그린 그림

비밀 집회

　허수아비, 팔자수염, 금이빨이 무너진 성터에 다다랐을 때는 거의 자정이 다 되어서였어요. 숲을 빠져나왔지만 달 없는 그믐밤이라 어두컴컴하긴 마찬가지였어요.
　더듬더듬 무너진 성 뒤편으로 돌아가자 비로소 불빛이 나타났어요. 반쯤 썩은 무거운 나무 문 양쪽에 모닥불이 피워져 있었어요. 쌍둥이처럼 똑같이 생긴 뚱뚱한 남자 둘이 문 앞을 지키고 있었지요.
　어지럽게 일렁이는 불길을 보자 검은모자, 팔자수염, 금이빨은 심장이 두근거렸어요. 민주주의 세상을 뒤엎고 왕과 귀족이 다스리는 아름답고 정의로운 나라를 세우자는 말에 허수아비를 쫓아오기는 했어요. 하지만 사실은 그믐밤에만 열린다는 비밀 집회도, '붉은백합단'

도, 그게 뭔지는 아무도 몰랐어요.

시민혁명이 일어나고 발랄라 왕국이 민주 공화국이 된 뒤, 정부에서 집회를 막는 일은 없었어요. 모든 집회와 시위의 자유가 보장되었지요. 그런데도 붉은백합단은 꼭 비밀 집회를 고집했어요. 그 까닭이 무엇일까? 도대체 이 집회에서는 무슨 일이 벌어질까? 세 남자는 저도 모르게 침을 꿀꺽 삼켰어요. 성큼성큼 문지기한테 다가간 허수아비가 세 사람을 가리키며 말했어요.

"우리는 붉은백합단에 들어오려는 사람들이오."

그러나 쌍둥이 문지기는 경계를 안 풀고 무서운 눈초리로 세 남자를 노려보았어요. 그러더니 갑자기 이렇게 명령했어요.

"모두 뒤로 돌아서시오!"

누구한테도 명령을 받아 본 적이 없는 세 남자는 기분이 확 나빠졌어요. 하지만 쌍둥이 문지기가 너무나 험상궂어 보였기 때문에 하는 수 없이 뒤로 돌아섰어요. 그런데 문지기의 다음 명령은 더욱 기가 막혔어요.

"바지를 내리고 엉덩이를 보여 주시오!"

"뭐, 뭐라고?"

팔자수염이 소리를 질렀어요.

"아니, 엉덩이를 보여 달라니, 이렇게 무례할 데가 있나?"

검은모자도 얼굴이 붉으락푸르락해졌어요.

"아니, 귀족 체면에 어찌 그런……."

금이빨은 화가 나기보다는 차라리 두려웠어요. 왜 엉덩이를 보여달라는 걸까? 혹시…….

이런 투덜거림에는 아랑곳하지 않고 쌍둥이 문지기는 엄한 목소리로 다시 한 번 명령했어요.

"바지를 내리고 엉덩이를 보여 주시오!"

검은모자는 구겨진 자존심 때문에 울음이 터질 것 같았어요. 어유, 처음부터 이놈들과 어울리는 게 아니었는데……. 하지만 이제 와서 혼자 되돌아갈 수도 없었어요. 늑대와 유령들이 우글거리는 저 숲을 어떻게 혼자 빠져나가겠어요.

"당신들이 정말 귀족인지 확인해야겠소. 잘 알겠지만 붉은백합단에는 오직 귀족만이 들어올 수 있소."

팔자수염은 체념한 듯 바지를 살짝 내려 엉덩이를 보여 줬어요. 엉덩이 위의 푸른 반점이 불빛 속에 어렴풋이 드러났어요.

"음, 귀족이 틀림없군. 들어가도 좋소."

검은모자도 부들부들 떨며 엉덩이를 내보였어요. 검은모자의 엉덩이 위에도 짙은 푸른빛깔 반점이 있었어요.

팔자수염과 검은모자가 귀족 신분을 확인 받는 동안 금이빨은 안절부절못했어요. 마침내 자신의 차례가 되자 금이빨은 온몸이 땀으로 흠뻑 젖었어요. 금이빨은 두 손을 내저으며 한사코 엉덩이를 안 보여 주려고 버텼어요. 끝내 문지기들은 몸부림치는 금이빨의 두 팔을 꽉 잡고 억지로 엉덩이를 확인했어요.

"없어! 귀족 표시인 푸른 반점이 없다고!"

"뭐야? 그럼, 귀족이 아니잖아!"

모두 눈이 휘둥그레졌어요.

"간첩이다! 이놈은 간첩

이 분명해. 우리 붉은백합단의 비밀을 캐려고 정부에서 보낸 스파이라고!"

금이빨을 바라보던 쌍둥이 문지기들이 외쳤어요.

"아니, 난 간첩이 아니오."

금이빨이 재빨리 두 손을 저었어요.

"스파이가 아니라……, 나는 그저, 어쩔 수 없이……, 아버지의 아버지, 할아버지의 할아버지 때부터 귀족 행세를 해오는 바람에……."

그러나 아무도 금이빨의 말에 귀를 기울이지 않았어요.

"당장 이놈을 끌고 가서 가둬 놓자."

쌍둥이 문지기는 금이빨의 팔을 하나씩 꿰차고 성 뒤쪽으로 사라졌어요.

"난 간첩이 아니야. 난 간첩이 아니라고오오오!"

금이빨의 처절한 울부짖음이 고요한 밤공기를 뚫고 울려 퍼졌어요. 멀리서 늑대들의 대답 소리가 들려왔어요.

"우우우!"

불쌍한 금이빨의 운명은 어떻게 될까? 검은모자와 팔자수염은 좀 전의 창피함도 다 잊은 채 긴 한숨을 내쉬었어요.

비밀 집회장은 그 성에서 가장 크고 둥근 방이었어요. 태양왕 에고무서우스 시대에 무도회장으로 쓰던 방이었지요. 여기저기 무너지고 부서졌지만 그래도 아름다운 조각이 새겨진 수많은 기둥과 귀한 대리석을 깐 바닥은 여전히 훌륭했어요.

붉은백합단원들은 둥글게 원을 그린 채 모여 앉아 있었어요. 하나같이 붉은 망토를 뒤집어쓰고 있어서 누가 누군지 도무지 알아볼 수가 없었어요. 제단 위 청동 화로에서는 검은 연기가 나면서 무언가를 태우고 있었는데, 검은모자와 팔자수염은 그 냄새에 속이 뒤집힐 것 같았어요.

'대체 무엇을 태우기에 이렇게 역겨운 냄새가 날까? 개미 다리, 낡은 거미집, 뱀 허물, 지네 껍질, 두꺼비 눈알, 하이에나 꼬리털, 도마뱀 혓바닥, 바퀴벌레 날개……. 이 모든 것을 태운다 해도 저 냄새보다 고약하지는 않을 텐데.'

게다가 붉은백합단원들이 쉴 새 없이 읊조리는 괴상한 주문 때문에 넋이 나갈 지경이었어요. 어느 나라 말인지, 무슨 뜻인지 알 수도 없는 괴상망측한 소리가 귓속에서 윙윙 맴을 돌았어요.

무엇보다 붉은백합단이 겨우 백 명이 될까 말까 한 작은 집단이라는 것이 마음에 걸렸어요. 일만 명이 춤출 수 있을 만큼 무도회장이 드넓은 탓에 붉은백합단원들은 겨우 한 줌밖에는 안 돼 보였거든요.

"에게, 겨우 요 사람들이 모여서 민주주의를 뒤엎겠단 말이야?"

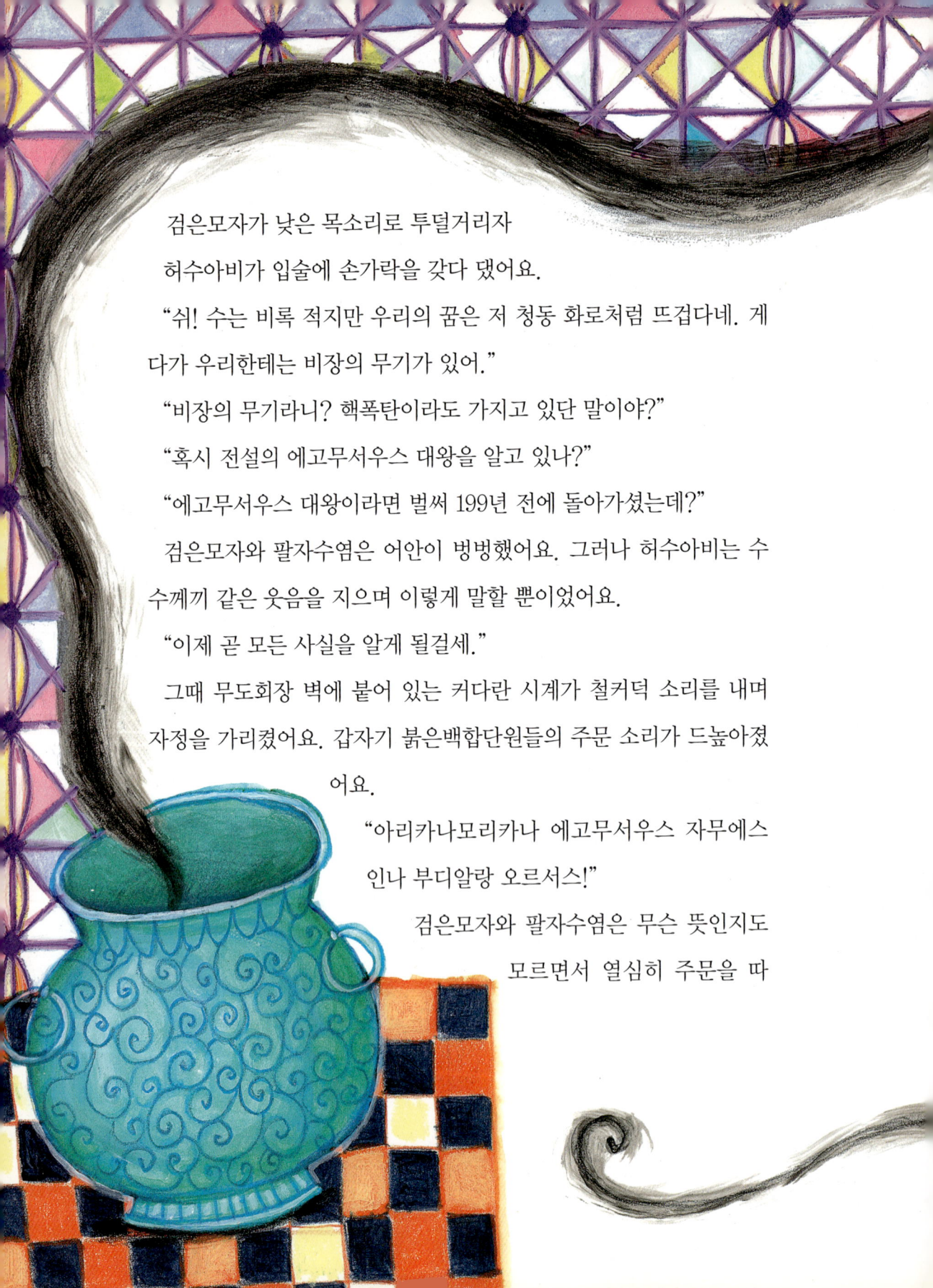

검은모자가 낮은 목소리로 투덜거리자 허수아비가 입술에 손가락을 갖다 댔어요.

"쉬! 수는 비록 적지만 우리의 꿈은 저 청동 화로처럼 뜨겁다네. 게다가 우리한테는 비장의 무기가 있어."

"비장의 무기라니? 핵폭탄이라도 가지고 있단 말이야?"

"혹시 전설의 에고무서우스 대왕을 알고 있나?"

"에고무서우스 대왕이라면 벌써 199년 전에 돌아가셨는데?"

검은모자와 팔자수염은 어안이 벙벙했어요. 그러나 허수아비는 수수께끼 같은 웃음을 지으며 이렇게 말할 뿐이었어요.

"이제 곧 모든 사실을 알게 될걸세."

그때 무도회장 벽에 붙어 있는 커다란 시계가 철커덕 소리를 내며 자정을 가리켰어요. 갑자기 붉은백합단원들의 주문 소리가 드높아졌어요.

"아리카나모리카나 에고무서우스 자무에스 인나 부디알랑 오르서스!"

검은모자와 팔자수염은 무슨 뜻인지도 모르면서 열심히 주문을 따

라 외웠어요. 그러자 역겨운 기분도 사라지고 비로소 붉은백합단의 진정한 단원이 된 듯했어요.

갑자기 무리 가운데 한 남자가 일어나 왼팔을 내저었어요. 주문 소리가 뚝 멈추고 무도회장은 고요해졌어요. 그는 떨리는 목소리로 사람들을 둘러보며 말했어요.

"드디어 에고무서우스 대왕이 잠드신 지 199년이 되었노라. 에고무서우스 대왕은 스스로 깊은 잠에 빠져들기에 앞서 이런 말씀을 남기셨노라. 정확히 199년 뒤 영원한 생명을 얻어 되돌아오겠노라고! 오늘 이 자리에서 그 말씀이 이루어질 것이니, 에고무서우스 대왕이 마침내 긴 잠에서 깨어나 우리 앞에 위대한 모습을 나타내리라!"

그의 말이 끝나자마자 사람들은 울부짖듯이 다시 주문을 외웠어요. 감격에 차서 눈물을 흘리는 사람도 있었고 두 팔을 벌린 채 큰소리로 에고무서우스 대왕을 외치는 사람도 있었어요.

 전설에 내려오는 이야기로는, 에고무서우스는 권세가 엄청난 왕이었어요. 에고무서우스는 왕의 힘은 신이 내려 준 것이라고 생각했대요. 왕은 모든 사람의 머리 꼭대기에 앉아 있는 태양 같은 존재라고요. 오죽하면 '태양왕'이라는 별명이 붙었겠어요.

 에고무서우스는 그 권세에 걸맞게 아주 사치스러웠어요. 세상에서 가장 포근한 깃털 이불을 덮고, 다이아몬드가 박힌 황금 접시에 음식을 먹었으며, 나비 날개처럼 고운 비단옷을 입었어요. 그 옷과 이불은 다음 날이면 태워 버렸기 때문에 신하들은 날마다 새것을 마련해야 했어요. 그러니 그 돈이 다 어디서 났겠어요? 백성들의 피와 땀을 한 방울도 남김없이 쥐어짠 것이지요. 게다가 에고무서우스는 아주 오래오래 살았어요. 문제는 그가 영원히 살고 싶어 했다는 데 있었어요.

 에고무서우스는 불로초를 구하리라 마음먹었어요. 불로초는 옛날 동쪽 나라의 신선들이 먹었다는 풀로, 한 뿌리만 먹으면 영원히 늙지도 죽지도 않는다는 신비한 약초였어요. 에고무서우스는 날마다 불로초를 구해 오라고 신하들을 달달 볶았어요. 에고무서우스 시대에 인구가 갑자기 반으로 줄었는데, 불로초를 구하러 간 사람들이 영영 못 돌아왔기 때문이었어요. 에고무서우스가 총리대신을 달달 볶으면 총리대신은 장관을 들들 볶고, 장관은 다시 그 밑의 부하를 들들 볶고, 그 밑의 부하는 백성들을 덜덜 볶고, 그래서 백성들은 밤이고 낮이고 달달덜덜 볶이다가 할 수 없이 불로초를 찾아 먼 길을 떠났던 거예요.

맨발로 길을 떠난 가엾은 백성들은 남극에서 얼어 죽고, 사하라 사막에서 말라 죽고, 태평양 한가운데 빠져 죽고, 아마존의 보아뱀한테 잡아먹혔어요. 그때 만일 한 신하가 중국 땅에서 불로수를 못 찾아냈다면 아마 백성들은 한 사람도 안 남았을 테지요.

불로수는 중국 사람들이 악마의 계곡이라고 말하는 깊고 깊은 골짜기에서 길어 온 온천물이었어요. 그 물을 마시거나 목욕을 하면 얼굴의 주름이 다 사라지고 피부가 아기처럼 보드라워졌지요. 에고무서우스는 기뻐 날뛰었어요. 그는 성 안에 커다란 연못을 파고 그 물을 길어 나르게 했어요. 그러고는 날마다 그곳에서 목욕을 하고 마음껏 퍼마셨어요.

정말이지 에고무서우스는 날마다 젊어졌어요. 사람들은 그가 영원히, 영원히, 여어엉워언히 떵떵거리며 잘 먹고 잘 살 거라고 생각했지요. 저 하늘에 태양처럼요.

그런데 그렇게 몇 해가 흐른 어느 날 아침, 목욕을 마치고 청동거울에 제 모습을 비춰 보던 에고무서우스는 비명을 질렀어요.

"으아악! 내 얼굴이, 내 얼굴이……."

불로수에는 어마어마한 비밀, 그러니까 끔찍한 부작용이 숨어 있던 거예요. 중국 사람들은 그 사실을 알고 있었지만 가르쳐 줄 수가 없었지요. 글쎄, 한마디 말도 안 통했으니까요.

에고무서우스의 얼굴은 조금씩 녹아내렸어요. 마치 불에 닿은 촛농처럼! 불로수는 에고무서우스를 차마 바라볼 수 없을 만큼 끔찍한 몰골로 만들어 놓았어요. 녹아내린 살갗으로 핏줄과 뼈가 훤히 드러나 보였어요.

"아아! 악마의 저주로다!"

에고무서우스는 절망한 나머지 스스로 죽기로 마음먹었어요. 그는 세상에서 가장 단단한 나무로 겉모양이 평범하기 그지없는 관을 짜게 했어요. 금은보석이 넘쳐나던 그가 고작 나무 관을 짜게 한 데는 까닭이 있었지요.

에고무서우스는 자신이 영영 죽는 것이라고 생각하지 않았어요. 세월이 흘러 불로수의 부작용이 저절로 치료되면 영원한 생명을 얻어 다시 깨어날 거라고 믿었거든요. 그런데 이집트의 파라오처럼 으리으리한 관을 만들었다가 도굴꾼한테 빼앗기면 노숙자보다 못한 신세가 될까 봐 두려웠던 거예요. 마침내 에고무서우스는 모든 준비를 끝내 놓고 신하들한테 이렇게 외친 뒤 쥐도 새도 모르게 사라졌어요.

"I'll be back!(다시 돌아오마!)"

신하들은 통곡하는 척하면서 속으로 이렇게 생각했어요.

'돌아오든지 말든지……'

자신이 죽은 다음에 왕이 돌아오든 말든 그게 무슨 상관이겠어요. 그렇게 해서 에고무서우스의 관은 곧 잊혀졌어요. 그때 신하들은 199년이 지난 뒤에 에고무서우스의 부활을 애타게 바라는 사람들이 있으리라고는 상상도 못했을 거예요.

검은모자는 에고무서우스의 모습이 좀비처럼 무서울 거라고 생각했어요. 촛농처럼 피부가 녹아내린 얼굴은 정말 끔찍할 것 같았어요.

'하필 오늘 에고무서우스가 깨어나면 에고, 무서워서 어떡하지? 아무래도 느낌이 안 좋아.'

왕의 힘은 어디에서 나올까?

옛날에는 왕이 말 그대로 '왕'이었어요. 자기 힘을 백성들을 위해 쓴 훌륭한 왕도 있었지만 자신만 즐거우려고 백성들을 괴롭히기만 한 폭군들도 많았어요.

서양에서는 중세라고 하던 시기 동안, 교황이 왕보다 더 큰 힘을 자랑했어요. 중세 사람들의 삶에서는 종교가 가장 중요했기 때문에, 신과 사람을 이어 주는 교황이야말로 으뜸 왕이라고 할 만했지요. 교황한테 잘못 보여 교회에서 쫓겨나는 날에는 아무리 왕이라도 별 볼 일이 없었어요. 신한테 버림받은 왕을 받들어 줄 사람은 없었으니까요.

그러나 과학이 발전하면서 종교와 교황은 힘을 잃고, 그 대신 힘센 권력을 지닌 왕들이 나타났어요. 그러면서 '과연 왕의 힘은 어디에서 나올까?' 하는 물음이 생겨났지요. 그래서 나온 생각이 '왕권신수설'이에요.

왕권신수설

종교의 힘을 빌어 왕의 힘을 더 단단히 하려던 사람들은 왕권신수설을 주장했어요. 왕의 힘은 하늘의 신에게 받은 것이기 때문에 국민이나 의회 같은 땅 위의 권력에 제한을 받지 않는다는 거예요.

이런 생각은 영국과 프랑스의 왕이 교황과 봉건 제후를 누르고 절대 왕권을 세우는 데 뒷받침이 되었어요. 특히 '태양왕'이라고 일컬어지던 프랑스의 루이 14세는 왕권신수설의 강력한 수호자였어요.

루이 14세

사회계약설

　중세 시대가 저물고 근대에 들어서 인간의 자유와 권리를 바라보는 새로운 생각들이 생겨났어요. 이런 생각을 담아낸 것이 '사회계약설'이에요. 국가는 자유롭고 평등한 개인들의 계약에 따라 생겨났으므로 왕의 힘도 국민한테서 나온다는 것이지요.

　사람들은 자신의 생명과 자유, 재산을 보호하려고 계약을 맺어 국가를 만들고 왕한테 권력을 맡겼어요. 그러므로 국가나 왕이 그 권력을 이용해 국민의 권리와 자유를 억누른다면 계약을 어기는 것이 되고, 국민은 국가에 저항할 수 있어요.

　사회계약설을 주장한 철학자들로는 영국의 토머스 홉스와 존 로크, 프랑스의 장 자크 루소 같은 사람이 있어요.

장 자크 루소

돌아온 에고무서우스

"으으, 으험!"

금이빨은 겨우 정신을 차렸어요. 까마득히 높은 곳에 나 있는 창으로 밝은 햇살이 새어 들었어요. 금이빨은 억지로 몸을 일으켜 둘레를 살폈어요.

돌을 쌓아 만든 방은 넓지도 좁지도 않았어요. 어젯밤은 달도 없이 캄캄했던 터라 아무것도 안 보였지만, 햇살에 비친 방 안은 천 년은 묵은 듯한 먼지로 가득 덮여 있었어요.

여긴 어디일까? 금이빨은 가만히 귀를 기울여 보았어요. 사방이 쥐 죽은 듯 조용했어요. 밤새 들려오던 이상한 주문 소리도 더는 들려오지 않았어요. 금이빨은 뒤뚱뒤뚱 문 쪽으로 걸어갔어요. 어젯밤 쌍둥이 문지기가 자신을 처넣고는 잠가 버린 쇠창살 문은 빨갛게 녹이 슬어 있었어요. 금이빨은 있는 힘껏 문을 밀어 보았지만 쇠창살 문은 꼼짝도 안 했어요. 금이빨은 덜컥 겁이 났어요.

"아이고, 대체 이놈들이 나를 여기 가둬 두고 어디로 간 거야? 붉은백합단인지 하얀백합단인지는 그믐날에만 모인다던데……. 그럼 다음 그믐 때까지 갇혀 있어야 하나? 이거 큰일났구나, 큰일났어!"

금이빨은 온 힘을 다해 문을 두드렸어요.

"여보세요? 거기 누구 없어요?"

"여보……, 세요, 세요……. 누구……, 누구, 누구……. 없어……, 없어, 없어……."

금이빨의 외침은 메아리가 되어 성 안을 떠돌았어요. 하지만 한참을 기다려 봐도 들려오는 대답은 없었어요.

"차라리 고문을 당하는 게 낫지. 사람이라곤 그림자도 없는 이 외진 곳에 갇히다니, 먹을 것 마실 것도 하나 없이……."

금이빨은 제정신이 아니었어요. 넋이 나간 채로 문을 두드리고 소리를 질렀어요.

"아이고, 누구 있으면 제발 대답 좀 해 보세요!"

"아이고오, 아이고오, 아이고오……."

마지막 메아리가 멀리 사라져갈 때였어요.

"아이, 시끄러워. 누가 이렇게 떠드는 거냐? 성가셔서 도저히 잠을

못 자겠구나!"

 갑자기 성탑이 무섭게 흔들렸어요. 그러더니 지진이라도 난 것처럼 바닥이 쫙쫙 갈라졌어요.

"애고, 탑이 무너지려나? 어머니, 아버지, 예수님, 부처님, 알라님! 제발 살려 주세요."

 금이빨은 개구리처럼 벽에 몸을 찰싹 붙이고 두 눈을 꼭 감은 채 기도를 올렸어요. 그때 갈라진 바닥이 쩍 벌어지고 엄청난 먼지가 솟구쳐 오르더니, 뭔가 시커먼 것이 불쑥 솟아올랐어요.

"콜록콜록, 애구! 누가 이렇게 청소를 안 한 거야?"

 먼지 속에서 투덜거리는 목소리가 들려왔어요. 금이빨이 겨우 눈을 떠 보니, 먼지 뭉게구름 속에 누군가 서 있는 게 아니겠어요? 온몸에 먼지를 뒤집어 쓴 채 잇따라 기침을 해 대는 것이 영락없는 먼지 귀신 꼴이었어요.

'저게 사람이야, 귀신이야? 귀신이라면 왜 이런 대낮에 나타났지?'

 그토록 누구 없느냐고 소리쳤지만 금이빨은 하나도 반갑지가 않았어요.

"애구, 허리야, 어깨야! 내가 너무 오래 잤나? 온몸이 쑤시는구나. 이 지긋지긋한 신경통!"

먼지 귀신은 주먹으로 허리와 어깨를 콩콩 두드렸어요. 허리와 어깨가 구부정한 것이 꽤 나이 많은 노인으로 보였어요. 마침내 먼지 귀신이 금이빨을 발견하고는 큰 소리로 외쳤어요.

"오호, 시건방진 백성이로다. 대왕을 보고도 뻣뻣이 서 있다니, 대체 어느 나라 법도인고? 내 네 놈을 당장……."

스스로 대왕이라고 말한 먼지 귀신은 잠깐 둘레를 살펴보고 말을 이었어요.

"당장 혼을 내야겠으나……, 사정이 복잡하니 한번은 살려 주겠노라. 그보다 총리대신은 어디 갔나?"

대왕이라고? 금이빨은 두려움을 감추고 더듬더듬 물었어요.

"초, 총리대신이라니요? 혹시 국무총리를 말씀하신 거라면 여기 있

을 리가 없지요. 지금쯤 총리집무실에서 열심히 정무를 보고 있을 텐데…….”

"아니, 내 성을 놔 두고 어디에서 정무를 본단 말인가?"

"대왕의 성이라면 여기를 말씀하시는 겁니까?"

"그야 당연하지, 세상에서 가장 크고 멋진 나의 성이 여기가 아니고 또 어디란 말이냐?"

금이빨의 마음속에서 두려움이 물러가고 슬슬 콧방귀가 나왔어요.

"흥, 세상에서 가장 넓고 멋진 성이라고요? 옛날엔 그랬을지 모르지만 지금은 오가는 들짐승들의 소굴일 뿐이지요. 못 믿겠으면 나가서 보시지요, 대왕마마!"

금이빨은 바닥이 갈라지면서 엿가락처럼 휘어진 쇠창살 사이로 대왕을 끌고 나왔어요. 마침내 잡초가 우거진 큰 정원에 이르렀을 때, 대왕은 입을 딱 벌리고 말았어요.

"아니, 도대체 어떻게 된 일인고? 내 성이 이런 흉한 꼴이 되다니!"

대왕은 먼지를 잔뜩 뒤집어쓴 얼굴로 성 안을 미친 듯이 뛰어다녔어요.

"아이고, 내 아름다운 장미 밭, 백조가 노닐던 연못은 어디로 갔는고? 아름다운 여인들이 나비처럼 춤추던 무도회장은?"

그러나 곧 기운이 달린 듯 바닥에 주저앉았어요. 그 모습을 바라보자 금이빨은 대왕이 조금 불쌍해졌어요.

"백 년 전 시민혁명 때 부서졌대요."
"시민혁명? 그게 뭔데?"
"시민들이 왕과 귀족들을 몰아내고 공화국을 세운 큰 사건이지요. 그때 귀족들이 저항하는 바람에 이곳에서 엄청난 전투가 벌어졌대요."
"뭐라고? 천한 백성들이 왕과 귀족들한테 전투를 벌여? 어째 그런 일이?"

금이빨은 조금 퉁명스럽게 말을 이어갔어요.
"사실 그럴 만도 했어요. 왕과 귀족들이 백성들을 너무 못살게 굴었거든요. 날마다 이런 세금 내라, 저런 세금 내라 하면서 마지막 한 푼까지 박박 긁어갔지요. 심지어 혼인하면 혼인세, 다리를 지나가면 다리통행세, 화장실에 가면 화장실세, 새 옷을 해 입으면 의복세까지 매겼으니까요. 백성들은 굶어 죽을 형편이었다고요."

듣고 있던 대왕이 벌컥 화를 냈어요.
"아니, 왕과 귀족을 위해 세금 좀 내는 게 뭐가 어때서? 왕과 귀족의 삶이 화려할수록 나라 위신이 서는 게지."

"그것도 웬만해야 참지요. 백성들은 굶어 죽어 가는데 왕과 귀족들은 날마다 무도회다, 사냥이다, 모여 놀면서 돈을 물 쓰듯 써 댔대요. 왕비는 주먹만 한 다이아몬드 목걸이 때문에 목을 쳐들지도 못했다지 뭐예요?"

금이빨은 저도 모르게 열을 올렸어요.

"세금뿐만이 아니에요. 귀족이 아닌 사람들은 사람 대접을 아예 못 받았다니까요. 배우고 싶어도 배울 수 없고, 또 배웠다 해도 귀족이 아니면 좋은 자리에 취직할 수도 없었지요. 신분이 다르면 사랑하는 사람과 혼인할 수도 없었고요. 흥, 그까짓 냄새 나는 엉덩이의 푸른 반점이 뭐 그리 대단한 거라고! 그러니 백성들이 더는 못 참고 일어난……, 앗, 아야!"

그때 금이빨의 눈앞에 별이 번쩍했어요. 대왕이 손에 들고 있던 지팡이로 금이빨의 머리를 세차게 내리친 거예요.

"네 이놈! 네 놈이 바로 그 역적 놈이구나! 여봐라, 이놈을 당장 끌어내 정신을 차릴 때까지 혼을 내 주어라!"

대왕은 입에서 거센 바람을 내뿜으며 소리쳤어요. 금이빨은 어이가 없었어요. 그래서 두 손으로 머리를 감싸 쥐고는 이렇게 대들었어요.

"아, 이 영감이 정말? 지금 세상이 어떤 세상인데 대왕 행세를 해요? 지금은 국민들 손으로 뽑은 대통령이 나라를 이끈다고요!"

"뭐, 뭐라? 대통령? 그럼 왕이 둘이라는 말이냐?"

"거 참, 머리 되게 나쁘시네. 아까 말했잖아요. 왕은 국민들 손에 쫓겨났다고! 그러니까 이제 왕은 없다고요! 들어는 보셨나? 민주공화국이라고!"

그러나 대왕은 금이빨의 말에는 끄떡도 안 했어요.

"민주주의인지 만두주의인지 됐고! 그 대통령인지 뭔지 하는 가짜 왕부터 잡아서 혼을 내 줘야겠구나."

"아니, 그런데 대체 누구신데 아까부터 자꾸 왕 흉내를 내시는 거예요?"

그러자 대왕은 두 팔을 쫙 벌렸어요.

"우하하! 나를 모른단 말이냐? 무식한 백성이로고! 내가 바로 태양왕 에고무서우스다! 너는 가서 모든 백성들한테 알려라! 나 에고무서우스가 돌아왔다고!"

대왕은 지팡이를 집어 들고 하늘을 보며 주문을 외웠어요. 그러자 잔잔하던 하늘에 회오리바람이 일고 순식간에 검은 구름이 몰려왔어요. 태양이 검은 구름 속으로 숨어들자 맑기만 하던 날씨가 갑자기 어두침침하게 바뀌었어요.

'뭐? 에고무서우스 대왕? 그럼 2백 년 된 유령이란 말이야?'

금이빨은 온몸이 덜덜 떨려왔어요.

'아무래도 이제 곧 큰일이 벌어지겠는걸. 회오리바람을 일으키고 검은 구름을 불러 모으는 걸 보면, 아무래도 사람이 아니야.'

　금이빨은 슬금슬금 뒷걸음질을 쳤어요. 그러고는 큰소리를 치며 곧 늑대의 숲으로 도망쳤어요.
　"에고무서우스가 깨어났다! 에고무서우스가 깨어났다!"
　"그러니까 이 영감탱이가 에고무서우스 대왕이란 말이지?"
　허수아비, 검은모자, 팔자수염 그리고 금이빨이 무너진 성터에 다시 모였을 때는 어느새 밤이 찾아와 있었어요. 검은모자는 횃불을 들고 쓰러져 잠자는 초라한 늙은이를 비춰 보았어요.
　"에고 무섭긴, 아무리 봐도 며칠 굶은 거지 같은데? 혹시 정신병원을 탈출한 미친 영감이 아닐까? 쯧쯧!"
　"그보다 저 뻔뻔한 간첩의 말을 믿어야 할지……."
　팔자수염이 의심스럽다는 듯 노려보자 금이빨이 두 손을 휘저으며 말했어요.
　"글쎄, 보통 영감이 아니라니까요. 바닥을 뚫고 솟아오르고 회오리바람을 일으키고 검은 구름을 불러 모으는 게 아무나 할 수 있는 일이에요?"
　팔자수염과 금이빨이 다투는 모습을 말없이 바라보던 허수아비한테 문득 기막힌 생각이 떠올

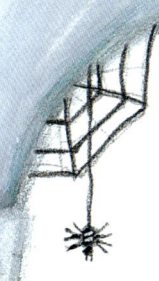

랐어요.

"잠깐! 내 말 좀 들어 보게. 이 영감이 가짜든 진짜든 우리가 손해 볼 건 없어."

"그게 무슨 말이야? 가짜라도 손해 볼 게 없다니."

모두 무슨 소리냐는 얼굴로 허수아비를 바라보았어요.

"어젯밤 에고무서우스의 예언이 이루어지지 않자 붉은백합단은 위기에 몰렸지. 아마 탈퇴를 마음먹은 단원들이 절반은 넘을 거야."

"그야, 그랬지."

"이런 상황이라면 가짜 에고무서우스라도 만들어 내세워야 할 판이라고."

"가짜 에고무서우스?"

모두 깜짝 놀라 눈이 휘둥그레졌어요.

"말이 그렇다고. 그런데 에고무서우스라는 자가 스스로 굴러들어오지 않았나. 그것도 때를 딱 맞춰서!"

검은모자와 팔자수염은 그제야 허수아비의 속셈을 알아차렸어요.

"하지만 가짜 에고무서우스 대왕이 민주주의 정부를 뒤엎을 힘이 있을까?"

시끄러운 말소리에 에고무서우스가 잠에서 깨어났어요. 그는 무턱대고 큰소리부터 쳤어요.

"경들은 대체 어딜 갔다 이제 오는가? 내 성이 이렇게 망가졌는데 그냥 내버려 두다니 괘씸하기 짝이 없구나."

허수아비가 얼른 무릎을 꿇고 대답했어요.

"대왕님, 저희도 이 성을 다시 세우고 싶었습니다만, 그놈의 민주 정부가 허락하지 않았습니다. 시민혁명의 기념물로 보존해야 한다면서요."

에고무서우스는 버럭 화를 냈어요.

"민주주의라는 놈은 참으로 고얀 놈이구나. 어서 그놈을 잡아다 내 앞에 무릎 꿇리지 못할까?"

모두 한 방 맞은 듯 멍한 얼굴이 되었어요. 듣다 못한 금이빨이 나섰어요.

"어유, 무식해도 분수가 있지. 민주주의가 사람 이름인 줄 아시나 봐. 이봐요, 대왕님! 민, 주, 주, 의는 국민이 나라의 주인이라는 생각, 그 생각을 바탕으로 한 정치 제도를 말한다고요."

"거 참 해괴한 소리로다. 국민이 나라의 주인이라니? 그럼 나는? 나는 국민의 신하인가?"

허수아비가 잽싸게 금이빨을 밀치며 비굴하게 말했어요.

"헤헤, 당연히 대왕님이 나라의 주인입지요. 지금 세상 사람들은 모두 제정신이 아닙니다. 그러니 대왕님께서 부디 잘못된 세상을 바로잡아 주소서."

하지만 검은모자는 의심을 감추지 않았어요.

"그런데 어떻게 바로잡으실 건가요? 무슨 신통력이라도 지니고 계신가요?"

에고무서우스는 위엄 있는 목소리로 대답했어요.

"백 만에 이르는 내 '불면의 군대'가 있지 않느냐? 내 몸소 불면의 군대를 이끌고 가서 민주주의인가 뭔가 하는 놈을 당장 박살내리라."

"불면의 군대라니요? 다들 불면증에라도 걸렸나요? 이름이 뭐 그래요?"

"대왕의 말에 반대하는 놈들이 없나 감시하느라 한밤중에도 잠을 못 자서 붙은 이름이다. 자, 국방장관, 내 불면의 군대는 잘 있겠지?"

에고무서우스는 제멋대로 금이빨을 국방장관으로 불렀어요. 금이빨은 어이가 없었어요.

"대왕님, 불면의 군대가 사라진 지 백 년이 넘었습니다. 지금은 국민의 지팡이 민주 경찰과 국방의 의무를 지키는 발랄라 공화국 군대가 있을 뿐입니다."

"뭐라고? 불면의 군대가 사라졌다고?"

에고무서우스는 충격을 받은 듯했어요. 그는 깊이 생각에 잠기더니 한참 뒤에야 무릎을 탁 치며 외쳤어요.

"옳지. 왕비의 나라로 전령을 보내야겠다. 내 왕국이 위험에 빠졌으니 지원군을 보내달라고 해야지. 자, 어서 내 페가수스를 데려오너라. 전령으로는……."

에고무서우스는 한 사람 한 사람을 살펴보더니 다시 금이빨을 가리켰어요.

"국방장관, 네가 가라. 적진을 뚫고 달려가서 내 비밀 편지를 전달하고 오면 네게 공작 작위를 내리겠노라."

금이빨은 신이 나서 앞으로 나섰어요. 검은모자보다 더 높은 귀족이 될 수 있는 기회였거든요. 그러나 나머지 세 사람은 땅이 꺼지도록 한숨을 쉬었어요.

"대왕님, 왕비의 나라도 민주공화국이 되었다고요. 비밀 편지를 가지고 갔다가는 우리부터 잡아 가둘걸요? 어디에? 정신병원에!"

"그럼, 우리를 도와 지원군을 보낼 나라가 또 어디 있느냐? 왕을 모시는 나라가 하나도 없단 말이냐?"

"있기야 있지요. 영국도 있고 네덜란드도 있고. 하지만 이 나라 왕들은 나라를 다스리지 않아요. 나라를 다스리는 일은 국민이 뽑은 국민의 대표가 한다고요."

"뭐라고? 그 나라 왕들은 대체 뭘 하는 사람들이냐? 왕이 나라를 다스리지 않다니."

"국민들을 하나로 모으는 나라의 얼굴, 이를테면 전통으로 남아 있는 셈이지요."

허수아비가 실망에 빠진 에고무서우스를 부추겼어요.

"대왕님, 불면의 군대나 외국 지원군 말고 대왕님만의 신통력이 있지 않습니까? 회오리바람을 일으켜 검은 구름을 불러 모은다든지……."

검은모자와 팔자수염도 귀가 솔깃해서 바싹 다가왔어요.

"맞습니다. 그런 신통력을 지니셨다면 사람들이 절로 대왕님을 따를 텐데 뭐가 문제겠습니까?"

모두 에고무서우스의 신기한 능력을 보고 싶어 안달이 난 얼굴이었어요.

"대왕님, 능력을 보여 주소서!"

"바람을 일으켜 보소서!"

"번개를 일으켜 보소서!"

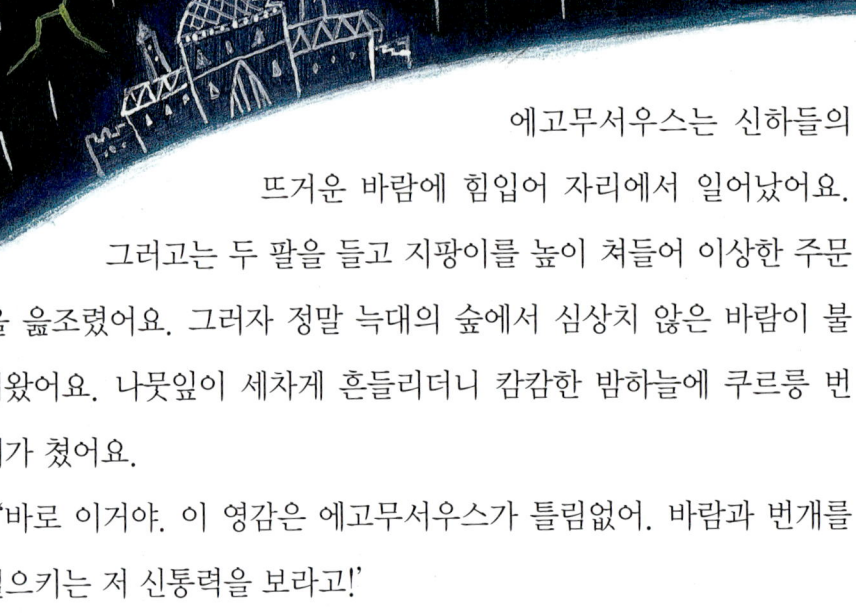

에고무서우스는 신하들의 뜨거운 바람에 힘입어 자리에서 일어났어요. 그리고는 두 팔을 들고 지팡이를 높이 쳐들어 이상한 주문을 읊조렸어요. 그러자 정말 늑대의 숲에서 심상치 않은 바람이 불어왔어요. 나뭇잎이 세차게 흔들리더니 캄캄한 밤하늘에 쿠르릉 번개가 쳤어요.

'바로 이거야. 이 영감은 에고무서우스가 틀림없어. 바람과 번개를 일으키는 저 신통력을 보라고!'

모두 감격에 겨워 이런 생각에 빠져들 때였어요. 갑자기 바람이 뚝 멈추었어요. 밤하늘의 번개는 성냥불이 사그러지듯 피식 소리를 내며 싱겁게 꺼져 버렸어요.

"애고 힘들어. 더는 못하겠다. 나도 이제 늙었나 봐."

에고무서우스는 숨을 헐떡이며 바닥에 주저앉았어요.

"애개, 겨우 요거야?"

"뭐야? 시작도 안 했는데 끝났다고?"

여기저기서 탄식이 새어 나왔어요. 그렇게 기다리고 기다리던 에고무서우스 대왕의 실력이 겨우 이만큼이라니. 에고무서우스만 깨어나면 다시 귀족이 되어 떵떵거리고 잘살 줄 알았는데……. 모든 희망이 사라진 기분이었어요.

하지만 절망 속에서 가장 먼저 빠져나온 사람은 역시 허수아비였어요. 허수아비는 멍하니 서 있는 사람들을 바라보며 말했어요.

"호랑이를 잡으려면 호랑이 굴로 뛰어들어야지. 내게 좋은 생각이 있으니 이리들 모여 보게."

허수아비는 작은 소리로 속닥거렸어요. 허수아비의 계획을 들은 사람들은 화들짝 놀라 뒤로 나자빠졌어요.

"뭐라고? 대, 대, 대……, 말도 안 돼!"

모든 나라에 대통령이 있을까?

세상에는 아직도 국왕이 다스리는 나라가 있는가 하면 대통령이 이끄는 나라도 있어요. 물론 국왕이 있다고 해도 옛날처럼 절대 권력을 휘두르지는 않아요. 사우디아라비아처럼 큰 힘을 지닌 왕도 있긴 하지만, 거의 모든 국왕들은 나라를 대표하는 구실을 할 뿐 정치는 수상이나 총리가 맡아서 해요. 이런 나라들은 대개 의원 내각제를 채택하고 있어요.

우리나라는 대통령 중심제 나라예요. 같은 대통령 중심제라고 해도 나라마다 조금씩 다른 점이 있어요. 이를테면, 미국은 우리나라에는 없는 부통령이 있고, 프랑스에서는 대통령과 총리가 일을 나누어 맡아요.

대통령 중심제

국민이 뽑은 대통령이 행정부(내각)를 짜서 나랏일을 하고 결과도 책임지는 정부 형태예요. 행정부(내각)는 대통령이 정책을 잘 이끌어나갈 수 있게 돕는 구실만 하지요. 대통령 중심제 나라에서는 보통 법을 제정하는 입법부(의회), 집행하는 행정부, 판결하는 사법부의 힘이 서로 독립되어 있어요. 그래서 대통령과 의회가 서로 책임지지 않을뿐더러 힘겨루기를 하기도 하지요.

국민이 뽑아 주었기 때문에 대통령은 의회의 눈치를 안 보고 국가 정책을 꾸준히 밀고 나갈 수 있어요. 이것이 대통령 중심제의 큰 장점이에요. 하지만 대통령의 힘이 크기 때문에 독재로 흐를 위험도 있어요.

대통령 중심제 나라인 미국 대통령이 사는 건물 '백악관'

의원 내각제 나라인 영국 의회 건물 '웨스트민스터 팰리스'

의원 내각제

　의회가 행정부(내각)를 짜서 나랏일을 하는 정부 형태예요. 행정부를 이끄는 사람을 수상 또는 총리라고 하는데, 대통령 중심제와 달리 국민이 바로 뽑지 않아요. 의회에서 의석 수가 가장 많은 정당의 대표가 총리를 맡지요. 의원 내각제 나라에서는 의회와 행정부가 힘을 모아 나랏일을 돌봐요. 그 대신 정책에 실패하면 그 책임도 함께 져요.

　의원 내각제는 행정부가 의회의 눈치를 봐야 하는 까닭에 독재의 위험이 적어요. 하지만 정책에 실패할 때마나 행정부가 바뀔 수 있어서 꾸준히 정책을 끌고 나가기가 힘들어요. 또 의석 수가 많은 정당이 제멋대로 정치하는 횡포를 부릴 수도 있어요.

용가리 박사 납시오!

용가리 박사는 무시무시하게 큰 가방을 들고 왔어요. 그 가방 속에는 엄청나게 두꺼운 책들이 들어 있었지요.

박사는 외계인처럼 큰 머리에 눈이 팽팽 돌 만큼 알이 두꺼운 안경을 끼고 있어서 척 보기에도 무척 똑똑해 보였어요. 하지만 얇은 입술과 뱀처럼 치켜 올라간 눈꼬리 때문에 몹시 차가워 보였어요. 박사는 그 차가운 눈빛으로 에고무서우스와 허수아비, 검은모자, 팔자수염, 그리고 금이빨을 쓰윽 훑어보고 나서 말했어요.

"나는 당신들이 무슨 꿍꿍이로 나를 불렀는지 아무 관심도 없어요. 약속된 돈을 받으면 그뿐이니까. 하지만 강의를 하는 동안 나는 선생이고 당신들은 학생이오."

용가리 박사는 힘주어 말했어요.

"내 강의를 들을 때 주의할 점은 첫째, 절대 한눈팔거나 졸지 말 것. 둘째, 중간에서 내 말을 끊거나 말도 안 되는 물음으로 강의를 방해하지 말 것. 이 두 가지요. 만약 이를 어기면 크게 혼이 날 거요."

박사는 오른손에 든 지휘봉으로 자신의 왼손 바닥을 소리 나게 내리쳤어요. 모두 주눅이 들어 박사의 눈치를 살피며 중얼거렸어요.

"선생은 학생들을 사랑으로 가르쳐야 하는데……."

팔자수염이 투덜거렸어요. 금이빨도 머리를 박박 긁으며 중얼거렸어요.

"혹시 시험도 보나요? 어유, 난 공부라면 자신 없는데……."

"조용 조용히! 자, 시간이 없으니 족집게 문제풀이 방식으로 공부합시다. 오늘은 '주권'을 공부하겠어요. 다음 물음에 대답해 보세요."

박사가 칠판 대신 쓰는 금이 간 대리석 벽 위에 문제를 적었어요.

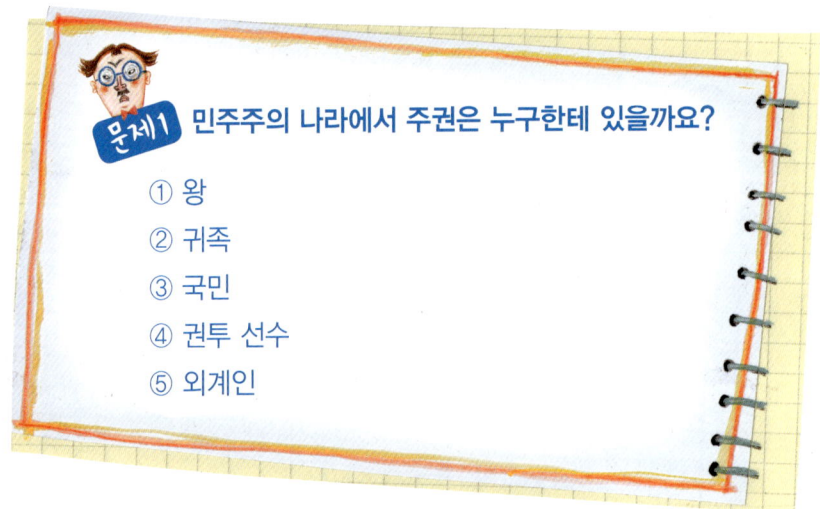

"그야 당연히 왕이지. 답은 1번이요!"

에고무서우스가 서둘러 대답했어요.

"땡! 틀렸어요."

"그럼 귀족인가?"

"역시 땡!"

에고무서우스가 머쓱해하자 금이빨이 머리를 긁적이며 물었어요.

"그런데 주권이 뭐야? 복권 같은 건가요?"

"주먹으로 하는 권투가 아닐까?"

검은모자가 끼어들었어요.

"그럼 답이 권투 선수야?"

팔자수염이 큰소리로 외치자 박사가 코웃음을 쳤어요.

"싹 다 틀렸어요. '주권'이란 나라의 '주인 된 힘'을 말해요. 민주주의 나라에서 주권은 국민한테 있어요. 민주주의 나라에서 나라의 주인은 국민이라는 뜻이지요."

그러자 에고무서우스가 버럭 화를 내며 자리에서 일어섰어요.

"거짓말 마시오. 국민이 주인이면 왕이 몇 만 명이게? 흥, 왕은 아무나 되는 게 아니란 말씀이야. 왕의 힘은 신이 오직 한 사람한테만 내려 준 거라고."

박사가 에고무서우스를 노려보았어요.

"에고무서우스 씨! 당장 앞으로 나와 손바닥을 내 놓으세요. 호랑이 담배 피우던 시절 이야기로 선생을 놀리다니, 혼이 나야겠군요."

당황한 에고무서우스가 고개를 두리번거렸지만 모두 고개를 숙인 채 모른 척했어요. 허수아비가 속삭였어요.

"얼른 나가서 벌을 받고 오세요."

에고무서우스는 하는 수 없이 손바닥을 두 대나 맞고 자리로 돌아왔어요. 억울하고 분해서 눈물이 나왔지만 위대한 목표를 생각해 꾹 참을 수밖에 없었어요. 에고무서우스는 이를 부드득 갈며 눈물을 삼켰어요. 박사는 싸늘한 얼굴로 다음 문제를 적어 나갔어요.

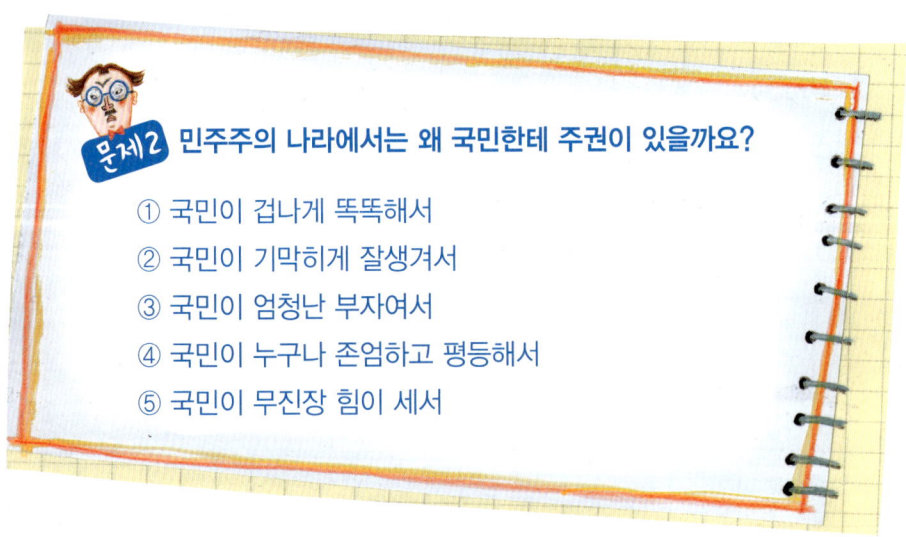

문제2 민주주의 나라에서는 왜 국민한테 주권이 있을까요?

① 국민이 겁나게 똑똑해서
② 국민이 기막히게 잘생겨서
③ 국민이 엄청난 부자여서
④ 국민이 누구나 존엄하고 평등해서
⑤ 국민이 무진장 힘이 세서

에고무서우스가 손바닥 맞는 것을 보자 모두 바짝 긴장이 됐어요. 아무도 대답을 못하고 서로 눈치만 살피자 박사가 팔자수염을 가리켰어요.

"팔자수염 씨, 답을 말해 보세요."

팔자수염은 땀을 뻘뻘 흘리며 골똘히 생각했지만 도통 답을 알 수가 없었어요.

"그, 글쎄요. 귀족들과 견주면 국민이 잘생긴 건 분명 아니고, 게다가 사는 게 궁상맞기 짝이 없으니 부자도 아니고……. 감히 시민혁명을 일으킨 걸 보면, 무진장 힘이 센가? 귀족들이 신식 무기를 갖고서도 못 이겼으니까. 맞지요?"

"땡, 틀렸어요."

그러자 검은모자가 자신 있게 손을 들고 대답했어요.

"그럼 '국민이 겁나게 똑똑해서'입니다. 그렇지 않고서야 어떻게 시민혁명을 일으켰겠어요?"

그러자 에고무서우스가 다시 흥분하고 나섰어요. 얼마나 크게 흥분했는지 목소리가 떨리고 말조차 더듬었지요.

"그, 그러니까 지, 지금 우리를 쫓아낸 구, 구, 국민인가 뭔가 하는 놈들을 칭찬하는 건가? 그, 그놈들이 왕인 나보다 더 똑똑하다고?"

박사가 찬물을 확 끼얹는 목소리로 대답했어요.

"그렇게 흥분할 것 없어요. 어차피 틀렸으니까요. 정답은 '사람은 누구나 존엄하고 평등해서'예요. 민주주의 나라에서는 왕도 귀족도 노예도 없습니다. 모든 국민은 똑같이 존중받아야 하니까요."

"아, 맞아! 지금은 누구나 평등한 더러운 세상이지. 아깝다, 맞힐 수 있었는데……."

그제야 허수아비가 무릎을 치며 안타까워했어요. 하지만 에고무서우스는 여전히 흥분이 안 가라앉았어요.

"박사, 누구나 평등하다니 그게 말이 되는 소리요? 사람은 태어날 때부터 신분이나 지위가 정해지는 법이오. 왕은 왕, 귀족은 귀족, 노예는 노예!"

박사는 회초리로 탁자를 탁탁 내리치더니 화난 목소리로 말했어요.

"에고무서우스 씨, 나는 돈을 받고 강의하러 왔지, 당신과 토론하러 온 게 아닙니다. 자꾸 수업을 방해하면 밖으로 내쫓아 버리겠어요."

내쫓아 버리겠다는 말에 움찔한 에고무서우스는 입을 다물었어요.

"자, 이번에는 민주주의 역사를 배워 보겠어요."

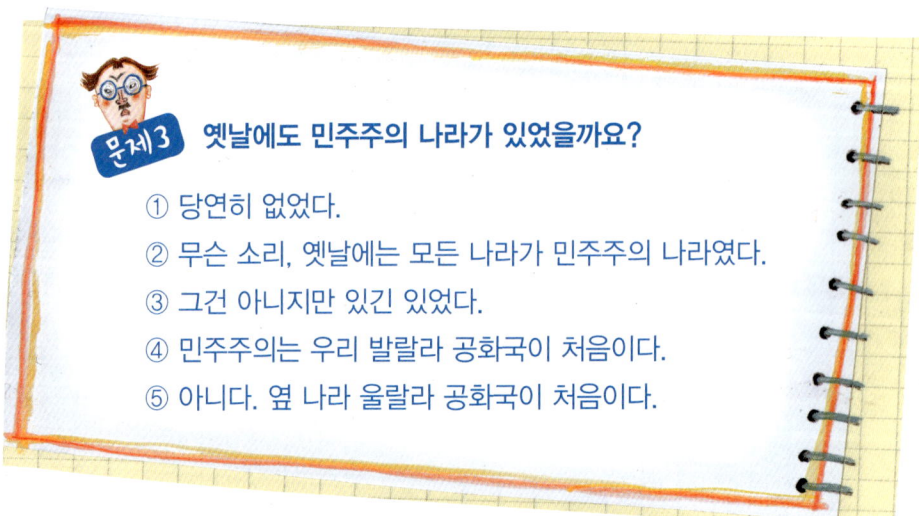

문제3 옛날에도 민주주의 나라가 있었을까요?

① 당연히 없었다.
② 무슨 소리, 옛날에는 모든 나라가 민주주의 나라였다.
③ 그건 아니지만 있긴 있었다.
④ 민주주의는 우리 발랄라 공화국이 처음이다.
⑤ 아니다. 옆 나라 울랄라 공화국이 처음이다.

역사 문제라면 나이가 2백 살이 넘은 에고무서우스를 기대해 볼 만했어요. 대왕은 아주 쉬운 문제라는 듯 대답했어요.

"당연히 없었지. 나 살아 생전 민주주의의 '민주'라는 말도 못 들어봤거든."

"땡, 틀렸군요."

"뭐, 틀렸다고? 이런……."

두 번이나 손바닥을 맞은 에고무서우스는 어떻게든 박사한테 잘 보이고 싶었어요. 그런데 또 틀렸다는 말을 듣자 그동안 알고 있던 지식이 마구 헷갈렸어요.

"가만, 그럼 내 왕국 빼고 모든 나라가 민주주의였던가? 왕비의 나라도? 그건 아닌데……. 어허, 죽은 총리대신을 불러다 물어볼 수도 없고."

에고무서우스가 헤매는 동안 검은모자와 팔자수염은 정답을 놓고 다투고 있었어요.

"이런 못된 제도가 옛날에도 있었다고? 그럴 리 없어. 아마 우리 발랄라 공화국이 처음일 거야. 발랄라 공화국 국민들이 발랑 까져서 시민혁명을 일으키는 바람에!"

"아니래도. 내가 기억하기로는 옆 나라 울랄라 공화국이 먼저 시작했어. 그놈들이 순진한 우리 발랄라 국민을 물들여 놓은 거라고."

"아니라니까. 발랄라가 울랄라보다 먼저야."

"흥, 울랄라보다 발랄라가 먼저라니까."
보다 못한 박사가 나섰어요.
"땡땡! 둘 다 틀렸으니 그만 싸워요."
검은모자와 팔자수염은 머쓱해졌어요. 그러는 사이 허수아비는 열심히 잔머리를 굴렸어요.
"그러니까 답은 둘 가운데 하나로군. 가만, 옛날 우리나라는 민주주의 가까이 얼씬도 한 적이 없으니 모든 나라가 민주주를 한 건 아니었고, 그렇다면……. 박사님, 정답은 3번, '모든 나라가 민주주의는 아니었지만 있긴 있었다.'입니다."

"딩동댕! 정답이에요."
"야호!"

허수아비가 자리에서 훌쩍 뛰어오르며 기뻐했어요. 검은모자와 팔자수염이 부러운 듯 허수아비를 바라봤어요. 잠자코 있던 박사가 설명을 덧붙였어요.

"옛날 그리스의 아테네라는 나라에서는 민주정치를 했어요."

"그럼 그렇지. 겨우 한 나라! 그나저나 참 몹쓸 나라로군."

에고무서우스가 탄식했어요.

"하지만 아테네의 민주주의는 오늘날의 민주주의와는 많이 달랐어요. 아테네는 아주 작은 나라였기 때문에 모든 시민이 모여 나라 일을 결정했어요. 이것을 '직접 민주주의'라고 해요. 하지만 모든 사람이 평등하지는 않았기 때문에 누구나 정치를 할 수는 없었어요. 노예와 여자, 외국인의 권리는 무시당했지요. 오직 아테네 시민권이 있는 어른 남자들만 정치를 할 수 있었어요."

"그래도 오늘날의 민주주의보다는 훨씬 낫네. 도대체 모든 사람이 평등하다는 게 말이 돼? 아테네 시민들은 적어도 우리 발랄라 국민들처럼 멍청하지는 않은 것 같아."

허수아비가 울분을 토해 냈어요. 하지만 벌써 다음 문제가 나왔어요.

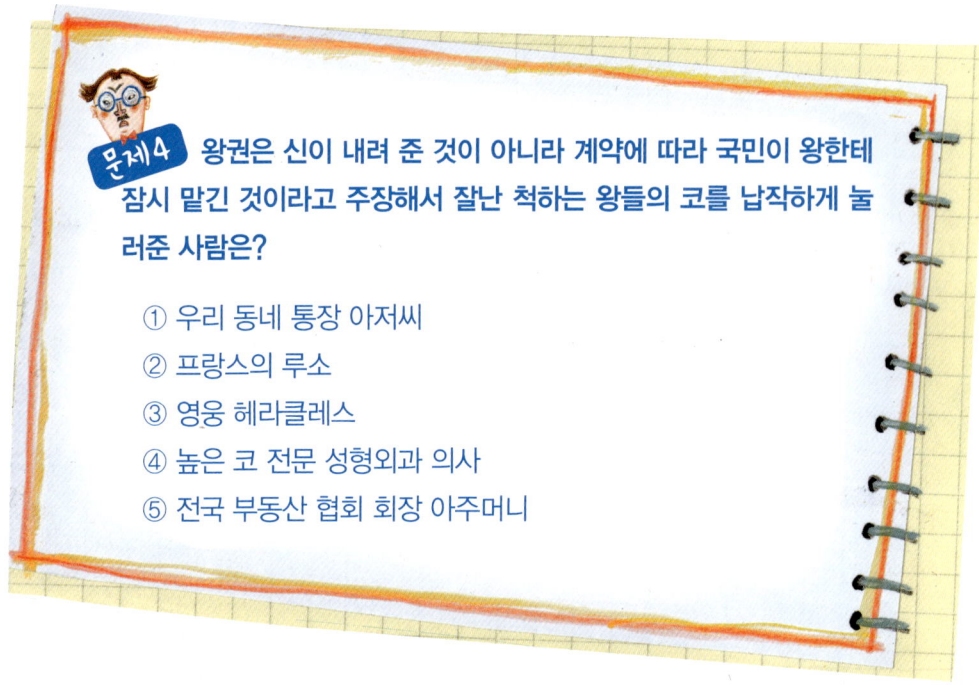

팔자수염은 문제를 읽자마자 뭐가 이리 쉬운 문제가 있냐는 듯 큰 소리로 외쳤어요.

"답은 보나마나 높은 코 전문 성형외과 의사야. 높은 코를 납작하게 눌러 줬다잖아."

"계약 어쩌고 저쩌고 하는 걸 보면 전국 부동산 협회 회장 아주머니가 답이지요. 계약이라면 누구보다 집을 사고파는 부동산에서 잘 안다니까요."

금이빨이 우겨댔어요. 둘이 티격태격 하는 동안 검은모자가 대답했어요.

"정답은 헤라클레스! 그리스가 민주주의 나라였다고 했으니 그리스 사람이 그런 주장을 했겠지."

"땡, 땡, 땡! 다 틀렸어요."

박사가 짜증스럽게 소리쳤어요. 그러자 좀 전에 잔머리를 굴려 답을 맞힌 허수아비가 재빨리 손을 들었어요.

"그럼 답은 우리 동네 통장 아저씨 아니면 프랑스의 루소라는 이야긴데……. 사람도 아닌 소가 어떻게 말을 했겠어요? 그러니까 정답은 우리 동네 통장 아저씨입니다."

"땡. 때때래, 땡땡! 틀렸어요, 틀렸어! 정답은 프랑스의 루소예요. 당신들은 정말 아는 것이라곤 하나도 없는 것 같군요. 루소는 소가 아니라 훌륭한 사상가라고요."

박사가 정답을 말하자 허수아비는 무릎을 쳤어요.

"어유, 아까워라. 50퍼센트 확률이었는데……."

"그 시대 사람들은 국가는 왕의 것이고 왕의 힘은 신이 내려 준 거라고 믿었어요. 하지만 루소는 나라의 주권이 국민한테 있고, 국민이 그 권한을 왕한테 잠시 빌려 준 것이라고 주장했지요. 이런 생각을 좀 어려운 말로 사회계약설이라고 해요."

박사의 말이 채 끝나기도 전에 갑자기 천둥 같은 소리가 터져 나왔어요.

"이런 고얀 놈! 뭐? 천한 백성이 왕한테 권한을 빌려 줬다고? 도저히 더는 못 들어 주겠구나. 선생이고 뭐고 내 이놈을 당장 혼꾸멍을 내고야 말리라!"

 자리에서 벌떡 일어난 에고무서우스는 박사한테 손바닥을 활짝 폈쳤어요. 그러고는 '이얍!' 하는 소리와 함께 장풍을 날렸어요. 에고무서우스의 손바닥에서 세찬 바람이 몰아쳐 나왔어요.

민주주의 나라에서도 국민한테 의무가 있을까?

민주주의 나라의 주인이 국민이라고 해서 국민한테 권리만 있는 건 아니에요. 지켜야 할 의무도 있어요. 국민의 권리와 의무는 헌법에 나와 있어요. 우리나라 국민한테는 어떤 권리와 의무가 있을까요?

국민의 권리

01 존엄권 사람답게 살 권리, 자유롭게 살 권리, 명예와 인격을 존중 받을 권리.

02 행복추구권 누구나 행복을 누리면서 살 권리.

03 평등권 성별, 종교, 사회의 신분 때문에 정치, 경제, 사회, 문화 생활 영역에서 차별 받지 않을 권리.

04 자유권 신체의 자유, 사회 경제의 자유, 거주 이전의 자유, 직업 선택의 자유, 주거의 자유, 통신의 자유, 종교의 자유, 양심의 자유, 학문과 예술의 자유, 사생활의 비밀과 자유, 언론 출판 집회 결사 표현의 자유를 누릴 권리.

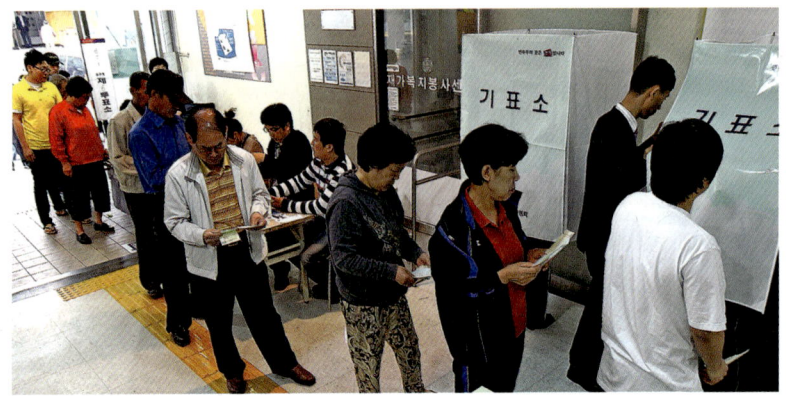

05 **생존권** 인간다운 의식주와 문화 생활을 누릴 수 있게 교육받고 일할 권리.

06 **청구권** 법과 절차에 따라 국민이 나라에 무엇인가 요청할 수 있는 권리, 국가 기관에 배상을 요구할 수 있는 권리.

07 **참정권** 국가 정치에 참여할 수 있는 권리, 선거에 출마할 수 있는 권리, 대표자를 뽑을 수 있는 권리, 국가의 중요한 정책을 국민투표로 표결할 권리.

국민의 의무

01 **납세의 의무** 나라 살림에 쓸 세금을 내야 할 의무.
02 **국방의 의무** 외국의 침략 행위로부터 나라를 지켜야 할 의무.
03 **교육의 의무** 자녀한테 나라에서 정한 일정한 교육을 받게 할 의무.
04 **근로의 의무** 일해야 할 의무.
05 **환경 보전의 의무** 나라의 환경을 지키고 보전해야 할 의무.

민주주의가 뭔지 좀 알아?

어, 그런데 이게 웬일? 그와 함께 박사가 입을 벌리더니 뜨거운 불길을 확 토해내는 게 아니겠어요?

'헉, 저건 또 뭐야? 입에서 불길이?'

검은모자와 팔자수염, 금이빨은 갑자기 심장이 멈추었어요.

'용가리 박사라더니 진짜 용가리 같네. 대체 저 박사, 뭐 하는 사람이야?'

에고무서우스의 장풍과 박사의 입에서 나온 불길이 교실 허공에서 부딪쳤어요. 그 바람에 책상에 있던 공책이 휙 날아갔어요. 검은모자는 모자가 안 날아가게 모자챙을 단단히 부여잡아야 했어요. 얼마 못 가 에고무서우스의 비명 소리가 터져 나왔어요.

"아, 뜨거, 뜨거워라!"

힘겹게 버티던 에고무서우스가 뜨거운 불길을 맞고 벌러덩 뒤로 나자빠진 거예요.

"애구, 허리야, 어깨야. 온몸이 쑤시는구나. 늙은이를 바닥에 내동댕이치고 그것도 모자라 수염을 몽땅 태워 버리다니. 요새 젊은 것들은 통 배워먹질 못했다니까!"

에고무서우스는 불에 그을린 수염을 붙잡고 갖은 엄살을 떨었지만 박사는 그냥 넘어가지 않았어요.

"에고무서우스 씨! 학생이 마술을 써서 선생을 해치려 하다니! 당장 뒤로 가서 무릎 꿇고 손 들고 계세요!"

"서, 선상님, 그, 그게……. 제가 잠깐 학생이라는 본분을 잊어뿔고 고만 실수를 하지 않았능교?"

당황한 에고무서우스 입에서 보지도 듣지도 못한 사투리가 튀어나왔어요. 에고무서우스는 관절염을 핑계 삼아 무릎 꿇는 것만은 할 수 없다고 애걸했지만 소용없었어요.

용가리 박사는 에고무서우스를 뒤로 쫓아내고 나서 차분하게 설명을 이어갔어요. 눈앞에서 바사의 신통력을 본 학생들은 정신 바짝 차리고 박사의 강의에 귀를 기울였어요.

"국민이 왕한테 권력을 주는 대신, 왕은 국민을 보호하는 데 그 권력을 써야 해요. 이것은 계약이기 때문에 왕이 국민을 억압하거나 나라를 잘못 다스리면 계약을 어긴 것이 돼요. 그러면 국민들은 왕한테 저항해서 권력을 되찾아 올 수 있어요. 루소의 이런 생각은 민주주의에 큰 영향을 미쳤어요. 하지만 그렇다고 민주주의가 곧바로 실현된 건 아니에요. 자, 다음 문제를 풀어 봅시다."

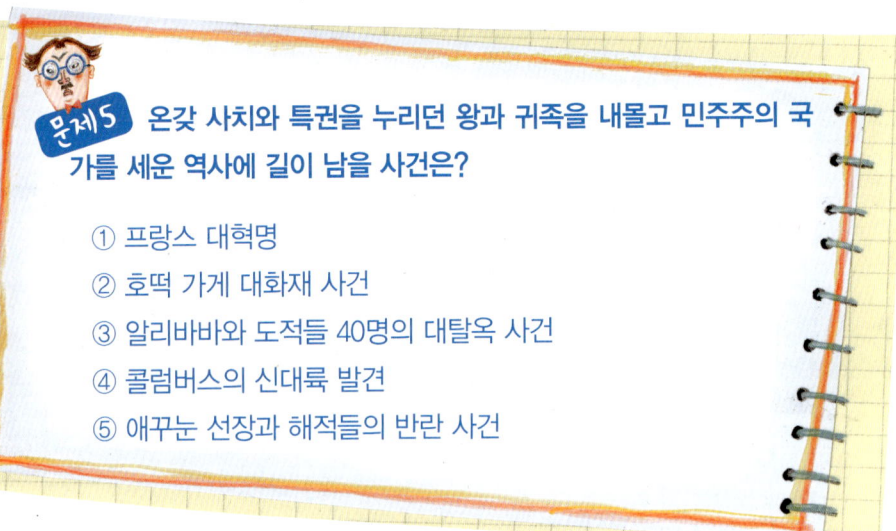

문제5 온갖 사치와 특권을 누리던 왕과 귀족을 내몰고 민주주의 국가를 세운 역사에 길이 남을 사건은?

① 프랑스 대혁명
② 호떡 가게 대화재 사건
③ 알리바바와 도적들 40명의 대탈옥 사건
④ 콜럼버스의 신대륙 발견
⑤ 애꾸눈 선장과 해적들의 반란 사건

"아, 어렵다, 어려워! 역사는 정말 어렵다니까."

금이빨이 한숨을 쉬며 머리를 저었어요.

'역사에 남을 사건'을 묻는 문제니까 '사건' 가운데 정답이 있을 거야. 음, 호떡가게에 불이 난 사건이 민주주의와 무슨 상관이 있지?"

팔자수염이 고개를 갸우뚱하며 생각에 잠겼어요. 검은모자가 아는 체하며 어깨를 으쓱댔어요.

"왕과 귀족을 내몰았으니, 그건 분명 반란이야! 그러니까 답은 '애꾸는 선장과 해적들의 반란 사건'일걸?"

약삭빠른 허수아비가 큰소리를 쳤어요.

"이런 멍청이들! 우리가 이것 때문에 쫓겨났잖아요. 혁명, 혁명! 답은 프랑스 대혁명입니다."

"딩동댕! 맞았어요."

"야호! 거 봐. 나는 역시 천재야!"

두 번이나 답을 맞힌 허수아비는 신이 나서 손뼉을 쳤어요. 모두 부러운 듯이 허수아비를 바라봤지만 박사는 칭찬 한 번 안 해 주고 여전히 차가운 목소리로 설명했어요.

"프랑스 대혁명은 시민의 힘으로 왕과 귀족이 다스리는 왕국을 끝장내고 공화국을 세운 사건이에요. 이때 '모든 인간은 평등하다.'는 인권 선언이 나왔지요."

"그런데 박사님. 공화국이 뭐예요? 지금 우리나라도 공화국이라던데……."

팔자수염이 손을 들고 물었어요. 으쓱거리던 허수아비가 잘난 척

을 했어요.

"그것도 몰라? 공화국은 듣기만 해도 '공연히 화가 나는 나라'라는 뜻이지 뭐야?"

"맞아, 맞아. 공화국에 사는 우리는 늘 공연히 화가 난다고."

검은모자가 고개를 끄덕이자 박사가 한심하다는 얼굴로 말했어요.

"공화국은 주권이 왕이나 잘난 사람들한테 있지 않고 모든 국민한테 있는 나라를 말해요. 우리나라 헌법 1조에 뭐라고 쓰여 있는지 아는 사람?"

금이빨이 손을 번쩍 들었어요.

"그야 '발랄라 공화국은 민주공화국이다.'라고 쓰여 있지요."

"우아!"

모두들 눈이 휘둥그레져서 금이빨을 바라보았어요. 금이빨이 입을 벌리고 헤벌쭉 웃는 바람에 눈이 부셔 금세 얼굴을 돌려 버렸지만요.

"그래요. 민주공화국이란 주권이 국민한테 있고 중요한 일을 국민의 뜻에 따라 결정하는 나라를 말해요."

박사의 설명이 끝나자 허수아비가 대들 듯이 외쳤어요.

"중요한 일을 국민의 뜻에 따라 결정한다고요? 그럼 우리도 국민인데, 왜 우리 뜻대로 결정하지 않는 겁니까?"

"그러게 말입니다. 왜 우리 뜻은 늘 무시당하는 거예요?"

검은모자와 팔자수염이 아우성을 쳤어요.

"그건 당신들의 뜻에 찬성하는 사람이 많지 않기 때문이에요. 민주주의 나라에서는 국민들의 뜻이 서로 다를 때 더 많이 찬성하는 쪽을 따르게 되니까요. 이것을 '다수결의 원칙'이라고도 하지요. 자, 그럼 다음 문제를 풀어 봅시다."

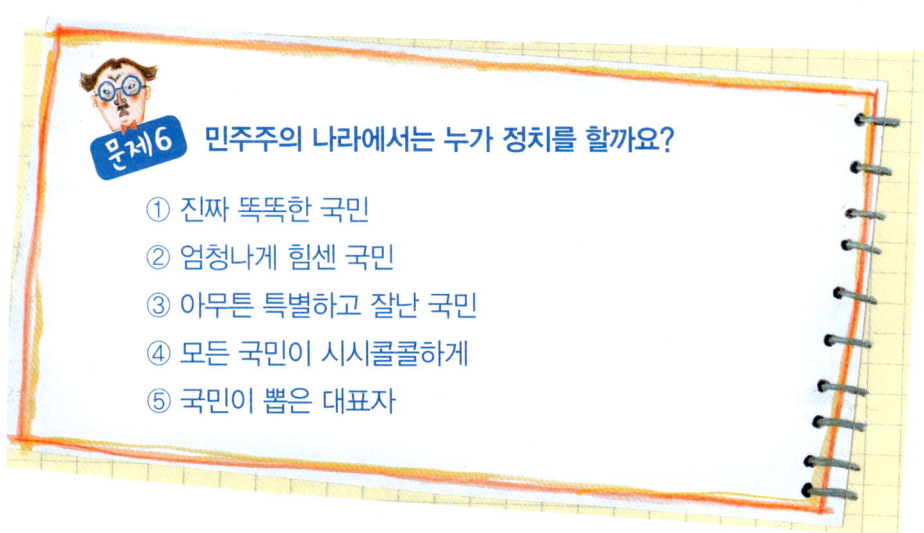

문제6 민주주의 나라에서는 누가 정치를 할까요?

① 진짜 똑똑한 국민
② 엄청나게 힘센 국민
③ 아무튼 특별하고 잘난 국민
④ 모든 국민이 시시콜콜하게
⑤ 국민이 뽑은 대표자

"지금은 대통령이 다스린다면서 왜 보기에 대통령이 없지?"

검은모자가 고개를 갸우뚱하며 팔자수염의 옆구리를 찔렀어요.

"글쎄. 문제가 잘못된 게 아닐까?"

정말 어려운 문제였어요. 모두 한숨을 쉬며 고개를 떨구었어요.

"민주주의가 이렇게 어려운 건지 몰랐어."

박사가 검은모자를 가리켰어요.

"검은모자 씨, 정답을 말해 보세요."

검은모자는 어깨를 흠칫 떨었어요.

"저, 저……. 민주주의 나라에서는 국민이 나라의 주인이라고 했으니까, 답은 '모든 국민이 시시콜콜하게' 같습니다."

검은모자는 손수건을 꺼내 흐르는 땀을 닦았어요. 높다란 모자 위로 뜨거운 김이 솔솔 새어 나와 꼭 공장 굴뚝처럼 보였어요.

"땡, 또 틀렸군요."

검은모자는 쥐구멍에라도 들어가고 싶었어요. 귀족 체면에, 아니, 옛날에 귀족이었던 체면에 지지리도 머리가 나쁜 걸 들킨 것 같았거든요.

"답은 '국민이 뽑은 대표자'입니다. 오늘날에는 아테네처럼 한 자리에 모두 모일 수 있을 만큼 국민의 수가 적은 나라가 거의 없어요. 그래서 국민들이 대표자를 뽑아 정치를 맡겨요. 이것을 '간접 민주주의' 또는 '대의 민주주의'라고 해요."

"그럼, 대통령도 국민이 뽑은 대표자인가요?"

대통령에만 관심이 있는 허수아비가 물었어요.

"맞아요. 대통령도 국회의원도 다 국민이 뽑은 대표자예요. 만일 대표자들이 나랏일을 잘하지 못하면 국민은 이들을 내쫓고 새로운 대표자를 뽑을 수 있습니다."

대통령 이야기가 나오자 모두 귀가 솔깃했어요.

"누구나 대통령이 될 수 있어요?"

"어떻게 하면 대통령이 될 수 있지요?"

물음이 쏟아졌지만 박사는 말없이 다음 문제를 적어 나갔어요.

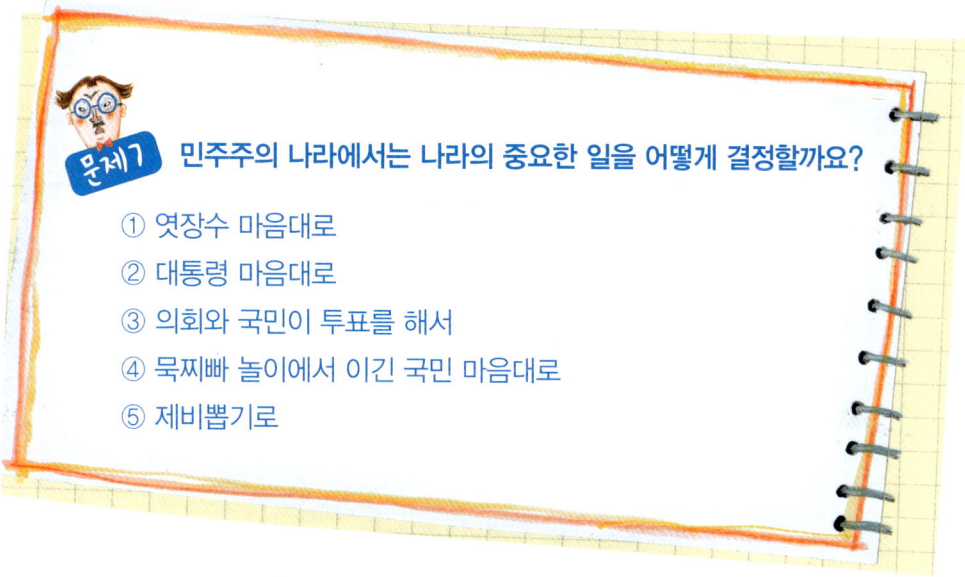

문제 7 민주주의 나라에서는 나라의 중요한 일을 어떻게 결정할까요?

① 엿장수 마음대로
② 대통령 마음대로
③ 의회와 국민이 투표를 해서
④ 묵찌빠 놀이에서 이긴 국민 마음대로
⑤ 제비뽑기로

문제를 보자마자 검은모자가 투덜거리며 말했어요.

"당연히 대통령 마음대로겠지! 대통령이 가장 높은 사람이잖아."

"그래, 대통령은 왕이나 다름없는 사람이니까."

팔자수염도 거들었어요. 박사가 외쳤어요.

"또 틀렸어요! 또, 또, 또! 제발 생각 좀 하고 대답하세요. 머리는 도대체 왜 있는 거지요?"

그러자 검은모자가 자신의 높다란 모자를 손가락으로 가리키며 진지하게 물었어요.

"그야 모자를 쓰라고 있는 것 아닌가요?"

박사는 어금니를 꽉 물고 화를 눌러 참았어요. 그리고는 가장 덜 멍청해 보이는 허수아비한테 말했어요.

"자, 허수아비 씨! 답을 말해 보세요."

허수아비가 조마조마한 얼굴로 대답했어요.

"'대통령 마음대로'가 아니면 답은 '제비뽑기' 같습니다. 왜냐하면 우리나라에는 엿장수도 없고 묵찌빠 놀이도 안 하거든요."

"그럼 '의회와 국민투표이 투표를 해서'가 답일 수도 있잖아요."

"저, 사실은 의회와 투표가 무슨 말인지 몰라서요."

박사는 머릿속에서 화산이 폭발하는 것만 같았어요.

"당신들은 꼭 발랄라 공화국 국민이 아닌 것 같군요. 어떻게 민주 공화국에 살면서 의회와 투표를 모른단 말입니까? 구의회, 시의회, 군의회. 도의회, 그 많고 많은 의회를 정말 한 번도 들어 본 적이 없어요?"

그러자 모두 빙글빙글 웃으며 한 목소리로 대답했어요.

"그야, 우린 민주주의 따위엔 관심도 없으니까요!"

"그렇지, 그래. 에고무서우스를 대통령으로 만들 계획만 아니라면……."

"쉬!"

검은모자의 말에 모두 깜짝 놀라 손가락을 입술에 갖다 댔어요. 박사가 엄한 얼굴로 물었어요.

"누굴 대통령으로 만든다고요?"

"아니, 아니. 잘못 들으셨어요. 우린 그저 지금 대통령이 정치를 참 잘한다고 말했을 뿐인걸요. 헤헤."

허수아비가 손바닥을 비비며 비굴한 웃음을 흘렸어요.

"빨리 의회와 투표나 설명해 주시면 고맙겠는데, 헤헤!"

박사는 할 수 없이 다시 강의를 시작했어요.

"아까 민주주의 나라에서는 국민이 대표자를 뽑아 대신 나랏일 보게 한다고 했는데, 그 대표자들의 회의가 바로 의회예요."

박사가 설명을 이어갔어요.

"자신이 사는 고장의 문제를 의논하고 결정하는 지방의회가 있고 나랏일을 의논하고 결정하는 국회가 있어요. 구의회, 시의회, 군의회, 도의회는 다 지방의회인 셈이지요. 그곳에서 일하는 국민의 대표자를 의원이라고 해요. 국회의원은 바로 국회에서 일하는 사람들이고요."

"그럼 국회의원들이 알아서 잘 결정할 텐데 국민이 투표는 또 왜 해요? 머리 복잡하게……."

"가끔 국민들의 의견을 일일이 물어봐야 할 만큼 중요한 일도 있어요. 나라의 헌법을 바꾼다든지 하는 큰일은 모든 국민의 의견을 물어서 결정하지요. 흔히 투표와 선거를 헷갈리는데 투표는 어떤 일이 옳은지 그른지, 찬성하는지 반대하는지, 자신의 의견을 밝히는 거예요. 선거는 투표를 해서 대표자를 뽑는 것이고요."

"그러니까 대통령이 됐다고 마음대로 할 수 있는 건 아니네요? 쩝, 난 또 대통령이 왕이랑 비슷한 건 줄 알았지."

팔자수염이 잔뜩 실망한 얼굴로 투덜거렸어요. 그러자 눈동자를 굴리며 생각에 잠겨 있던 허수아비가 조그맣게 속삭였어요.

"무슨 상관이에요? 대통령이 되고 나면 그때 가서 모든 걸 마음대로 고치면 되지."

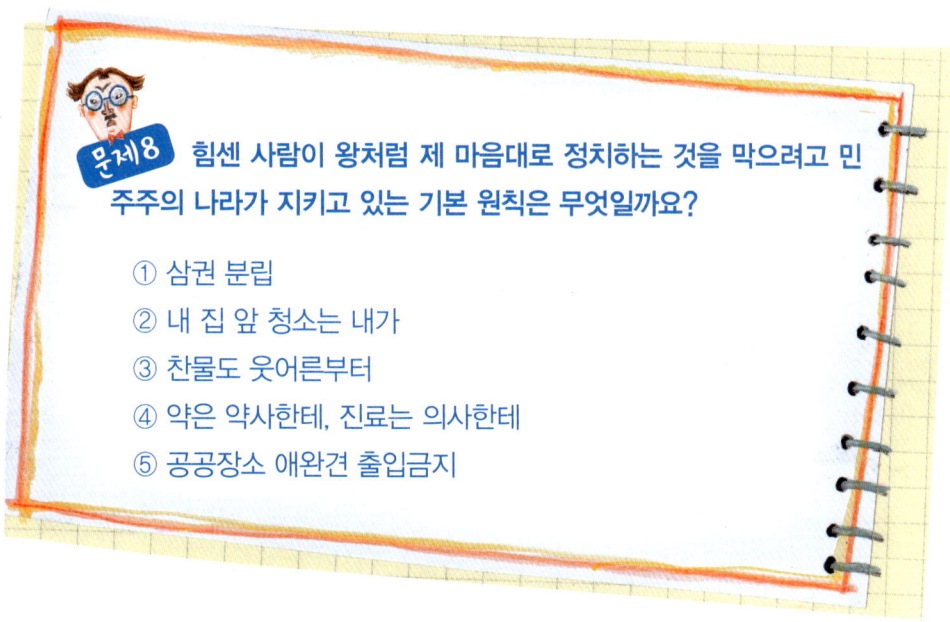

문제8 힘센 사람이 왕처럼 제 마음대로 정치하는 것을 막으려고 민주주의 나라가 지키고 있는 기본 원칙은 무엇일까요?

① 삼권 분립
② 내 집 앞 청소는 내가
③ 찬물도 웃어른부터
④ 약은 약사한테, 진료는 의사한테
⑤ 공공장소 애완견 출입금지

모두들 문제를 뚫어지게 봤지만 답을 알 수가 없었어요. 지금까지 문제가 다 어려웠지만 그 가운데에서도 이번 문제가 가장 어려웠어요. 금이빨이 말했어요.

"찍자, 찍어! 난 2번! '내 집 앞 청소는 내가!'"

검은모자가 걸고 넘어졌어요.

"청소하고 정치가 무슨 상관인데?"

"내 집 앞 청소를 내가 하는 사람은 훌륭한 시민 아니겠어요? 아무튼 시민과 왕은 안 어울린다는 말씀!"

"흥, 그것도 말은 되네. 하지만 훌륭한 시민이라면 3번, 4번, 5번도 다 되는 것 같은데."

금이빨이 난처한 얼굴을 했어요.

"어, 듣고 보니 정말 그러네요. 그렇다면, 답은 삼권 분립이 틀림없어요."

"삼권 분립이 뭔데? 알기는 아는 거야?"

"그야……, 삼권을 나누는 거겠지요. 그러니까 상품권, 초대권, 복권을 잘 나누어서 써라!"

"글쎄, 그게 정치와 무슨 상관이냐고?"

검은모자가 자꾸 비웃어도 금이빨은 안 지고 끝까지 우겨 댔어요.

"그런 걸 뒤섞어 쓰면 경제가 어려워지고, 경제가 어려워지면 정치도 어지러워지지 않겠어요?"

"아이고, 무식해라! 역시 귀족이 아닌 놈은 뭐가 달라도 달라!"

듣고 있던 팔자수염이 주먹으로 가슴을 쳤어요. 마침내 박사가 나섰어요.

"이때의 삼권은 상품권, 초대권, 복권이 아니라 입법권, 사법권, 행정권을 말해요. 삼권 분립이란 이 세 가지 권한을 나누어 놓는다는 뜻이에요."

그러자 여기저기서 물음이 쏟아졌어요.

"입법권, 사법권, 행정권이 뭔데요?"

"그걸 나누어 놓으면 뭐가 좋은데요?"

"입법권은 법을 만들 수 있는 권한이고, 행정권은 그 법을 집행하는 권한이에요. 사법권은 법에 따라 잘잘못을 심판할 수 있는 권한이고요. 옛날에는 이 권한들이 모두 왕 한 사람한테 다 있었어요. 그러다 보니 왕은 제 마음대로 법을 만들고, 제 마음대로 죄인을 심판하고, 제 마음대로 나랏일을 결정했어요. 한마디로 독재를 한 거지요."

박사가 차근차근 말을 이었어요.

"그래서 한 사람이 독재를 하지 못하게 세 가지 권한을 나누어 놓은 거예요. 법을 만들 수 있는 권한은 국회에, 법을 집행하는 권한은 행정부에, 그리고 잘잘못을 가리고 심판하는 일은 법원에요. 그래서 아무리 대통령이라도 마음대로 법을 만들거나 고칠 수 없어요."

"그럼 세 가지 권한 가운데 가장 중요한 게 뭔가요?"

허수아비는 아까부터 누가 가장 힘이 센가, 누가 가장 중요한 일을 하는가에만 관심이 있었어요.

"국회와 행정부와 법원은 서로 힘이 비슷한 게 좋아요. 만일 국회의 힘이 너무 크면 법을 자주 갈아치우거나 새로운 법을 자꾸 만들어 혼란이 생길 수 있어요. 행정부와 대통령의 힘이 너무 크면 국회가 무시당하고 정치가 독재로 흐를 수 있고요."

박사의 말이 길어지자 팔자수염은 졸음이 밀려왔어요. 사실 이런 강의만큼 따분한 것도 없었어요.

'어유, 어서 빨리 대통령이 되는 방법이나 알려 주지. 박사는 삼권 분립이 어쩌고저쩌고 겁을 주지만 독재를 못하는 세상이 어디 있어? 그러나 저러나 박사의 정체는 대체 뭐야? 입에서 마구 불길을 토해 내고, 늙어 빠진 에고무서우스의 장풍쯤은 파리 취급도 안 하잖아.'

이런 생각이 떠오르기도 했어요.

'박사도 못 이기는 저 늙어 빠진 영감이 과연 대통령이 될 수 있을까? 차라리 내가 되는 게 낫지 않을까?'

팔자수염은 꾸벅꾸벅 졸았어요. 꿈속에서 그는 대통령이 되어 있었어요. 붉은 주단이 깔린 길을 걸어갈 때 사람들이 꽃을 뿌렸어요. 길 끝에는 사랑하는 루비 아가씨가 흰 드레스를 입고 웃으며 손을 흔들고 있었어요.

"내가 이 나라의 대통령이다. 내가 이 나라의……."

꿈을 꾸는 팔자수염의 얼굴에 행복한 눈물이 번졌어요.

민주주의의 반대는 공산주의?

많은 사람들이 민주주의의 반대가 공산주의라고 알고 있어요. 하지만 민주주의의 반대는 공산주의가 아니라 '독재' 또는 '전체주의'예요. 공산주의는 경제 제도를 가리킬 때 쓰는 말이고 민주주의는 정치 제도를 가리키는 말이에요. 공산주의는 민주주의가 아니라 자본주의의 반대라고 할 수 있어요. 그러니까 정치는 민주주의면서 경제는 공산주의인 나라도 있을 수 있지요. 반대로 자본주의에 독재를 하는 나라도 있어요.

민주주의 대 독재, 전체주의

민주주의는 나라의 주인이 국민이고 국민의 뜻에 따라 국가 정책을 결정하는 정치 제도예요. 이와 반대로 독재는 한 사람, 또는 소수 집단이 제 맘대로 나라를 다스리는 것을 말해요. 문제는 독재자들도 겉으로는 민주주의를 하는 것처럼 속인다는 거예요. 우리나라도 헌법으로는 민주주의 나라이지만 힘든 군사 독재 시절을 겪었어요.

전체주의는 국민 한 사람 한 사람의 자유보다 국가와 민족 전체를 더 중요하게 여기는 생각을 가리켜요. 전체주의 사회에서는 국민이 자신의 삶이 아니라 국가와 민족을 위해 정부의 명령에 복종해야 하지요. 독일 히틀러의 나치 정권과 옛 소련의 스탈린 정권이 그런 보기예요.

나치 독일을 이끌고 2차 세계대전을 일으킨 전체주의 독재자 히틀러(맨 오른쪽)

자본주의 대 공산주의, 사회주의

자본주의는 개인의 재산 소유를 인정하는 경제 제도예요. 자본주의의 가장 큰 문제점은 잘살 수 있는 기회가 누구한테나 평등하지 않다는 거예요. 재산이 많은 사람은 그 재산을 굴려 점점 더 부자가 되지만 가난한 사람은 아무리 절약을 해도 큰 부자가 되기 어려워요.

이런 불평등 때문에 생겨난 것이 공산주의예요. 공산주의는 재산을 개인이 아니라 사회가 함께 나누어 쓰자는 경제 제도예요. 사람들은 공동 소유 땅에서 농사를 짓고,

〈공산당 선언〉 〈자본론〉 같은 책을 써서 사회주의 이론의 바탕을 세운 마르크스

공동 소유 공장에서 상품을 만들어요. 거기서 나온 이익은 필요한 만큼 공평하게 나눠 갖지요. 공산주의의 가장 큰 문제점은 개인이 재산을 못 가지기 때문에, 사람들이 열심히 일할 의욕을 품지 못하는 거예요. 그래서 오늘날 중국이나 베트남 같은 공산주의 나라는 조금이나마 자본주의를 받아들이고 있지요.

사회주의는 공산주의라는 말보다 훨씬 더 넓은 뜻으로 쓰이는 편이에요. 좁게는 자본주의에서 공산주의로 나가는 중간 단계를 가리키기도 하고, 넓게는 경제 제도뿐만 아니라 개인의 자유보다 사회 평등을 중요하게 여기는 정치 사회 제도를 모두 아울러 가리켜요.

에고무서우스를 대통령으로!

"과연 저 늙어 빠진 에고무서우스가 대통령이 될 수 있을까?"

달빛이 드리운 성벽 그림자 속에 세 남자가 서성거리고 있었어요. 검은모자, 팔자수염, 허수아비였어요.

"대답 좀 해 봐요. 계획을 세운 게 당신이니······."

이렇게 다그치고 있는 사람은 팔자수염이었어요. 허수아비가 검은 눈을 빛내며 입을 열었어요.

"붉은백합단에 전해 내려오는 전설에 따르면야 그렇지."

"저 영감이 진짜 에고무서우스 대왕인지 아닌지 확인할 방법은 없는 거야?"

검은모자가 답답하다는 듯이 한숨을 쉬었어요.

"전설에 따르면 에고무서우스 대왕 엉덩이에는 푸른빛이 아니라 태양을 닮은 황금빛 둥근 반점이 있다고 하더군."

"그게 정말이야? 그럼 당장 올라가서 확인해 보자고."

팔자수염이 흥분해서 나서자 허수아비가 팔을 내저으며 말렸어요.

"그건 안 돼. 누구든 그 황금빛 반점을 보면 눈이 멀고 입이 붙게 되어 있대. 옛날 태양왕 시절에 에고무서우스 대왕을 목욕시키던 이발사가 그 황금빛 반점을 보았다더군. 그 뒤 바로 눈이 멀고 입이 붙어 평생 벙어리로 살았다는 거야."

허수아비의 말에 주춤하던 팔자수염이 넋두리를 늘어놓았어요.

"그럼 어쩌라고? 저 지긋지긋한 민주주의 강의는 대체 언제까지 들어야 하는데?"

"참아야지. 뭘 알아야 선거에 나가고 투표도 할 수 있으니 박사를 부른 거잖아. 그래야 에고무서우스를 대통령으로 만들 수 있고……."

허수아비가 잠깐 생각에 잠기더니 다시 말을 이었어요.

"대왕이 가짜라도 아무 상관 없다니까. 오히려 가짜인 게 더 좋을 수도 있지."

검은모자와 팔자수염이 무슨 소리냐는 듯 허수아비를 바라봤어요.

"생각해 봐. 진짜 에고무서우스 대왕이라면 무서워서 어디 숨이라도 제대로 쉬겠어? 힘없는 영감이 다루기는 훨씬 쉽지. 저 영감을 에고무서우스 대왕이라고 내세우고 뒤에서 마음껏 조종하자고."

"하지만 사람들이 진짜 에고무서우스로 믿어 줄까? 차라리 우리 가운데 하나가 대통령 선거에 나가는 편이 낫지 않을까?"

팔자수염이 슬쩍 제안을 했어요. 하지만 허수아비는 딱 잘라 말했어요.

"그건 안 돼. 그럼 선거에서 질 게 뻔해. 사람들은 진짜 에고무서우스가 어떤 사람인지는 관심이 없어. 다만 에고무서우스라는 이름, 그게 중요할 뿐이지. 이런 걸 어려운 말로 '상징성'이라고 하지. 에고무서우스는 우리 귀족들이 행복하던 시절의 상징이란 말이야."

허수아비가 확신에 차서 말했어요.

"사람은 만들기 나름이야. 우리한테는 돈이 있어. 에고무서우스 대왕의 부활을 바라는 사람들 모두 귀족 출신이잖아. 시민혁명 때 귀족들이 망했다고 하지만 '부자가 망해도 삼 년 간다.'는 속담이 있어. 돈이면 가짜를 진짜로도 만들 수도 있는데 무슨 걱정이야?"

그제야 두 사람은 안도의 한숨을 내쉬었어요. 그 시간, 금이빨은 에고무서우스와 함께 궁전의 다른 방에 있었어요. 허수아비가 귀족이 아닌 금이빨을 에고무서우스의 시종으로 임명했기 때문이지요. 하지만 금이빨은 에고무서우스를 시중드는 것이 영 못마땅했어요. 그래서 바닥에 누워 빈둥거리며 슬슬 에고무서우스를 놀려먹을 궁리나 했어요.

"그런데 영감님이 그 무섭다던 에고무서우스 대왕이 정말 맞아요?"

하루 종일 벌을 서느라 온몸이 뻐근하던 에고무서우스가 버럭 화를 냈어요.

"뭐라고? 이놈아! 영감님이라니? 당장 대왕님이라고 불러라."

"어이쿠, 한강에서 뺨 맞고 괜히 종로에서 화풀이셔."

금이빨은 그래도 에고무서우스를 놀렸어요.

"그런데 왜 저 용가리 박사도 못 이기실까? 199년 동안 관 속에서 갈고 닦은 실력이 그것뿐이라니, 이거 영……."

"야, 이놈아! 그건 네가 몰라서 하는 소리야. 너도 이렇게 늙어 봐라. 뼈마디가 쑤시고 걸을 때마다 무릎이 떨린다, 이놈아!"

신세 한탄을 하던 에고무서우스가 눈물을 훌쩍거렸어요.

"나도 내가 이런 몸으로 되돌아올 줄 몰랐어. 한창 때 몸으로 돌아올 줄 알았지. 돌아오기만 하면 옛날의 영화를 그대로 다 누릴 줄 알았는데……. 그런데 이게 뭐야? 몸은 늙었고 세상은 바뀌었어. 새파랗게 젊은 박사한테 벌이나 서고."

눈물을 훌쩍이던 에고무서우스의 눈에서 갑자기 이글이글 불길이 타올랐어요.

"대체 어떤 멍청이가 나라를 잘못 다스려서 시민혁명이 일어나게 만든 거야? 내 손자의 손자의 손자 가운데 어느 놈이더냐?"

"글쎄요, 시민혁명이 어디 왕 한 사람 잘못 때문에 일어난 일이겠어요?"

"그럼 또 누가 잘못했는데?"

"이렇게 말하면 알아들으시려나? '역사의 수레바퀴'라고? 말하자면 역사의 수레바퀴가 앞으로 굴러간 거지요."

"이놈아. 갑자기 수레 이야긴 왜 꺼내? 수레 타고 어디 가게?"

"그러니까 제 말은 왕과 귀족이 쫓겨나고 공화국이 세워진 건 어쩔 수 없는 역사의 법칙이라는 거예요. 보세요, 우리 발랄라 공화국만 그런 게 아니라 세계 다른 나라들도 거의 공화국이잖아요."

금이빨은 자신의 말에 스스로 감탄해 소리 높여 말을 이었어요.

"대왕님은 그 좁은 관에 처박혀 잠이나 자느라 몰랐겠지만, 오늘날의 민주주의가 뭐 그렇게 쉽게 이루어진 줄 아세요? 오죽하면 이런 말이 다 있겠어요? '민주주의는 피를 먹고 자란다.'"

"민주주의가 무슨 흡혈귀냐? 피를 먹고 자라게?"

에고무서우스는 찝찝하다는 듯 얼굴을 잔뜩 찡그렸어요.

"그만큼 민주주의를 이루려고 많은 사람들이 피를 흘렸다는 말이에요. 시민혁명 때도 많은 사람들이 목숨을 잃었지만 민주주의가 시민혁명으로 다 완성된 건 아니라는 거! 공화국이 되고 나서도 독재자들이 나타나 민주주의를 짓밟으려 했다고요."

"민주주의 나라에서는 삼권 분립 원칙이 있어서 독재를 할 수가 없다면서?"

"그건 어디까지나 바람직한 민주주의를 하는 나라 모습이고요. 독재자들은 군대의 힘을 앞세워 말 안 듣는 국민들은 쥐도 새도 모르게 쓱싹! 그러고는 국회고 법원이고 자기한테 충성하는 사람들로만 채

우지요. 그러면 국회는 독재자를 떠받들 수 있는 법을 만들고 법원은 독재자가 미워하는 사람들한테 벌을 주는 곳으로 바뀌는 거예요. 한마디로 공포 정치를 하는 거지요."

갑자기 에고무서우스의 얼굴이 환해졌어요. 금이빨은 그런 에고무서우스를 못마땅하게 바라보고 나서 이렇게 덧붙였어요.

"하지만 혹시라도 독재자가 될 생각이라면 꿈도 꾸지 마세요. 독재자들이 승리했다면 지금 민주주의도 사라지고 없을걸요? 그런데 그렇지가 않아요. 국민들은 처음엔 속아도 끝내는 독재자의 정체를 깨달아요. 그런 다음에는 목숨을 안 아끼고 독재자와 싸우기도 하지요. 온갖 죄를 뒤집어씌워 감옥에 가두거나 모질고 끔찍한 고문과 처형을 해도 물러서지 않아요. 마침내는 독재자가 두 손 번쩍 들게 되어 있지요."

"아니, 감옥에 가두고 처형을 해도 안 무섭대? 목숨보다 중요한 게 어디 있다고? 내가 죽으면 그깟 민주주의가 무슨 소용이야?"

"저도 그게 이해가 안 가요. 그런데 사람이란 자유와 정의를 위해서는 목숨도 던질 수 있는 건가 봐요. 이런 말도 있잖아요. '나에게 자유가 아니면 죽음을 달라.' 실은 그런 사람들이 있어서 민주주의를 지킬 수 있었지만요."

여기까지 말하고 나서 금이빨은 입이 찢어지게 하품을 했어요. 멀리서 자정을 알리는 종소리가 들려왔어요.

"아무튼 독재자의 최후는 비참하다고요. 대왕님께서도 잘 기억해 두세요. 어험!"

이 말을 마지막으로 금이빨은 푹 고꾸라지더니 곧 드르렁드르렁 코를 골았어요. 에고무서우스는 덩그러니 혼자 앉아서 금이빨이 남긴 말을 곰곰이 생각했어요.

박사는 다음 날에도 강의를 했어요.

"오늘은 '민주주의와 법'을 배우겠어요. 다음 문제를 풀어 봅시다."

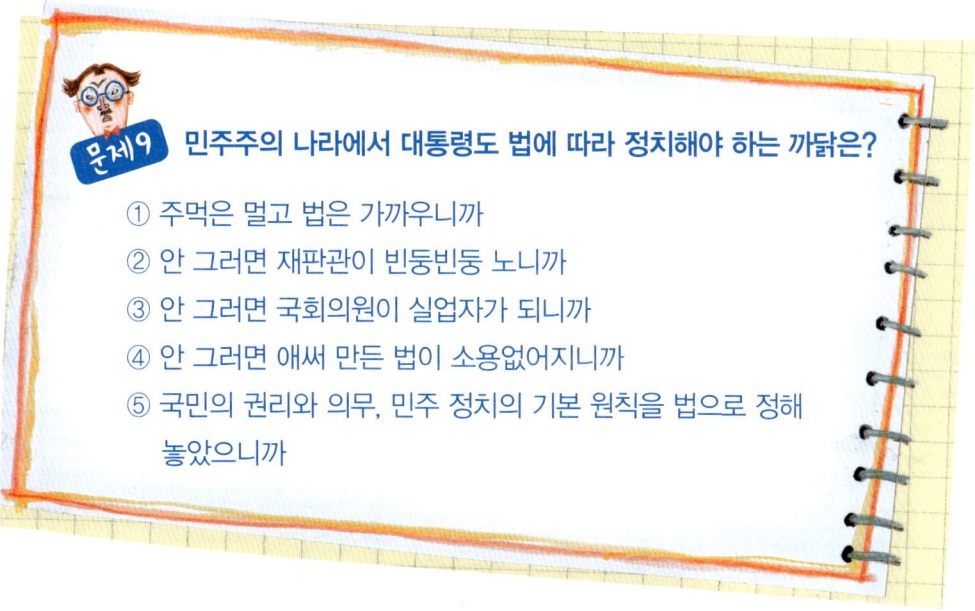

문제9 민주주의 나라에서 대통령도 법에 따라 정치해야 하는 까닭은?

① 주먹은 멀고 법은 가까우니까
② 안 그러면 재판관이 빈둥빈둥 노니까
③ 안 그러면 국회의원이 실업자가 되니까
④ 안 그러면 애써 만든 법이 소용없어지니까
⑤ 국민의 권리와 의무, 민주 정치의 기본 원칙을 법으로 정해 놓았으니까

밤새 잠을 못 자 토끼처럼 눈알이 빨개진 에고무서우스가 점잖게 말했어요.

"태양왕 시절에도 법은 있었어. 그런데 머리가 아프도록 고민해서

만들어 놔도 써먹질 않으니까 대체 무슨 법이 있었는지 기억이 나질 않더라고."

"그래서 답이 뭔데요?"

두꺼운 안경알을 반짝이며 박사가 되묻자 늙은 토끼 같은 에고무서우스가 대답했어요.

"그야 말할 것도 없이 '안 그러면 애써 만든 법이 소용없어지니까'가 답이지요. 역시 법은 자꾸 써먹어야 한다니까. 그래야 건망증에도 안 걸려."

"애구, 국민들이 몽땅 건망증 환자인 줄 아세요? 제 생각에는 '주먹은 멀고 법은 가까워서'인 것 같습니다만."

하루 사이에 에고무서우스와 친해진 금이빨이 참견하고 나섰어요. 그러나 귀족이 아니라고 금이빨을 늘 무시하는 검은모자가 또다시 비아냥거렸어요.

"흥, 법은 멀고 주먹은 가까워서겠지."

"그러게 말일세. 이봐, 평민 양반! 잘 생각해 봐. 법이 가까운지, 주먹이 가까운지."

팔자수염이 거들었어요. 생각해 보니 정말 법보다 주먹이 가까운 것 같았어요. 사람들이 걸핏하면 싸움을 벌이는 것도, 법에 따라 처벌 받을 걸 뻔히 알면서도 먼저 한 대 치고 봐야 속이 시원해지기 때문이니까요.

금이빨이 아무런 대답도 못하자, 혀를 끌끌 차며 팔자수염이 말했어요.

"박사, 제 생각엔 '안 그러면 국회의원이 실업자가 되니까'가 답인 것 같군요. 법은 국회에서 만든다고 했으니까요."

"어이구, 다 틀렸어요. 정말 지지리도 머리가 나쁘시네."

박사가 코웃음을 치며 정답을 말하려고 하자 잔머리 굴리기 9단인 허수아비가 냉큼 나섰어요.

"아하! 답은 '국민의 권리와 의무, 민주정치의 기본 원칙을 법으로 정해 놓았으니까'입니다."

"왜 그렇게 생각했지요?"

"앗, 아닌가? 그럼, '재판관이 빈둥빈둥 노니까'로 고치겠습니다."

박사가 궁궐이 떠나가도록 큰 소리로 외쳤어요.

"땡! 틀렸어요. 허수아비 씨는 꼭 두 개 남겨 놓고 틀리는군요. 잔머리 좀 그만 굴리고 깊이 생각해서 대답하세요."

"에이, 답 고치지 말걸!"

허수아비는 부끄러워하기는커녕 아깝다고 투덜거렸어요.

"민주주의의 기본 원리에는 첫째, 나라의 주권이 국민한테 있다는 국민 주권의 원리, 둘째, 독재를 막으려고 권력을 나누어 놓은 삼권 분립의 원리, 그리고 마지막으로 정해진 법에 따라 정치하는 '입헌주의'의 원리가 있어요. 여기서 입헌주의란 헌법에 따라 정치한다는 뜻

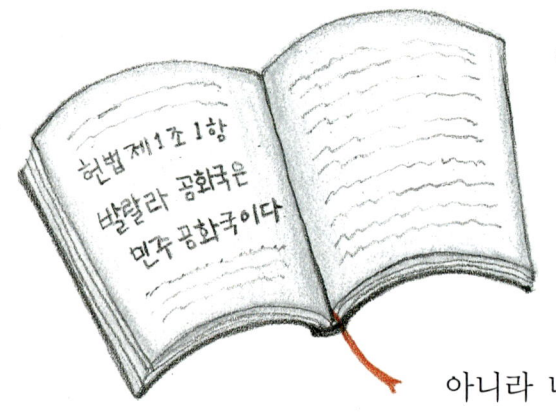

이에요."

"이왕이면 새 법을 따르지 왜 헌법을 따라요? 구질구질하게!"

"여기서 헌법은 낡은 법이 아니라 나라의 기본법을 말하는 거예요. 지난 수업에도 나왔잖아요. 우리나라 헌법 1조 1항에 뭐라고 쓰여 있다고 했지요?"

"발랄라 공화국은 민주공화국이다!"

"맞았어요. 헌법 맨 앞에 우리나라가 어떤 나라인지 밝히고 있지요. 민주주의 나라에서 헌법은 매우 중요해요. 민주정치의 기본 원칙을 법으로 정해 놓았기 때문이에요."

"그럼 헌법은 절대로 고칠 수 없어요? 대통령도요?"

"국민들이 바라면 고칠 수 있어요. 하지만 워낙 중요한 일이라 절차도 복잡하고 마지막에는 국민 투표를 거쳐야 해요. 만약 헌법을 쉽게 고칠 수 있다면 독재자들이 제멋대로 뜯어 고칠 테니까요."

"쩝, 그럼 대통령이 돼서 할 수 있는 게 대체 뭐야?"

팔자수염이 손으로 수염 끝을 배배 꼬아 올리며 실망한 얼굴로 중얼거렸어요. 박사는 팔자수염의 탄식을 무시한 채 말을 이었어요.

"자, 이번에는 선거를 공부해 봅시다. 다음 문제를 풀어 보세요."

문제 10 다음 가운데 민주주의 선거 원칙으로 맞는 것은?

① 머리가 나쁜 국민은 투표할 수 없다.
② 머리가 나쁘면 한 표, 똑똑하면 두 표를 행사한다.
③ 머리가 나쁜 국민 대신 똑똑한 국민이 투표한다.
④ 머리가 나쁜 국민은 똑똑한 국민의 가르침을 받아 투표한다.
⑤ 법으로 정한 나이가 되면 누구나 똑같이 한 표를 행사해야 한다.

"어, 5번 빼고 다 맞는 것 같은데?"

검은모자가 높다란 모자를 들썩이며 머리를 갸우뚱했어요. 그러자 허수아비가 불만에 가득 찬 얼굴로 물었어요.

"뭐가 그래? 지금 우리 발랄라 공화국은 바보 같은 국민들이 다 선거에 참여하는 바람에 바보 같은 대통령이 뽑혔잖아."

"맞아. 똑똑하든 바보든 모두 평등한 더러운 세상이었지, 참!"

허수아비가 진지하게 문제 분석에 들어갔어요.

"2번, 3번도 답이 아니야. 그랬다면 왜 우리처럼 똑똑한 사람들한테 선거 때 두 표를 행사해 달라거나 대신 투표해 달라는 부탁이 한 번도 없었겠어?"

팔자수염도 외쳤어요.

"그러면 4번도 답이 아니네. 바보들이 우리한테 찾아와 누구한테 투표하면 좋을지 가르쳐 달란 적 있어?"

"맞아, 맞아. 그러니까 정답은 5번이네. 역시 공부는 체험이 중요하다니까."

검은모자와 팔자수염은 손뼉을 치며 좋아했어요.

"박사님. 답은 '법이 정한 나이가 되면 누구나 똑같이 한 표를 행사해야 한다.'입니다."

"딩동댕!"

박사가 조금 부드러워진 얼굴로 외쳤어요.

"민주주의 선거는 보통·평등·직접·비밀선거의 원칙을 따릅니다. 보통선거는 잘났든 못났든, 돈이 많든 적든, 천재든 바보든, 남자든 여자든 상관없이 법이 정한 나이가 되면 누구나 선거에 참여할 수 있는 원칙이에요. 평등선거는 누구든 똑같이 한 표씩만 투표할 수 있는 원칙이고요."

금이빨이 손을 들고 물었어요.

"박사님, 바보도 천재도 똑같이 한 표라면 민주주의란 정말 바보 아닐까요? 바보가 득실거리는 나라에서 똑똑한 천재가 대통령 후보로 나왔다고 쳐요. 그런데 바보들이 못 알아보고 바보 대통령을 뽑는다면 나라가 어떻게 되겠어요?"

검은모자가 비웃으며 말했어요.

"그게 바로 우리 발랄라 공화국이야."

하지만 박사는 금이빨을 칭찬했어요.

"아주 좋은 물음이에요. 그래서 그리스의 플라톤 같은 철학자는 선거로 지도자를 뽑지 말고 지혜로운 철학자들이 정치를 맡아야 한다고 주장했어요. 또 이탈리아의 마키아벨리라는 사상가도 민주주의보다는 힘센 군주가 나라를 다스려야 한다고 했고요."

"오호라, 플라톤이나 마키아벨리는 참 기특한 백성이었군."

에고무서우스가 무릎을 탁 치며 기뻐했어요. 하지만 박사는 에고무서우스를 무시하고 하던 말을 이어나갔어요.

"플라톤이나 마키아벨리가 말한 철학자나 힘센 군주가 국민을 쥐어짜고 억누른 태양왕 같은 왕을 가리킨 건 아니에요. 금이빨 씨 말처럼 바보 국민들이 바보 나라를 만들까 봐 걱정한 것뿐이지요. 그렇다고 민주주의를 포기해야 할까요?"

"그야 뭐, 포기하면 저흰 좋지만……."

검은모자와 팔자수염이 서로 눈치를 살피며 중얼거렸어요. 박사는 그런 검은모자와 팔자수염을 노려보고 나서 말을 이었어요.

"민주주의는 국민이 나라의 주인이라는 생각에서 시작해요. 바보든 천재든 발랄라 공화국 국민은 똑같이 발랄라 공화국의 주인이에요. 주인이 바보라고 권리를 빼앗는다면 민주주의라고 할 수 없어요. 하지만 국민들이 진짜 바보라면 참된 민주주의가 이루어지기는 힘들 거예요."

금이빨은 감동한 듯 자꾸만 고개를 끄덕였어요.

"지금 우리가 배우는 보통선거만 해도 그래요. 민주주의가 처음 생길 때만 해도 가난한 노동자와 여자한테는 투표권이 없었어요. 민주주의 사회에서조차 가난하다고 여자라고 또는 피부 빛깔이 다르다고 차별을 당했지요. 영국 노동자들은 투표권을 얻으려고 십 년이 넘게 의회와 싸워야 했어요. 여자들 또한 오랜 싸움 끝에 백 년쯤 전에야 겨우 투표권을 얻었고요. 미국의 흑인들이 투표권을 얻은 건 오십 년쯤밖에 안 돼요. 여러분이 누리는 민주 시민의 권리는 공짜로 하늘에서 떨어진 게 아니에요. 그것을 얻어내려고 목숨 걸고 싸운 사람들이 있다는 걸 잊지 말아야 해요."

검은모자와 팔자수염이 입을 맞춰 외쳤어요.

"글쎄, 누가 목숨을 바치라고 했냐고요! 그게 다 몹쓸 민주주의 탓이라니까!"

하지만 박사는 끄떡도 않고 설명을 이었어요.

"됐고! 직접 선거는 누구도 대신 투표할 수 없다는 것이고 비밀 투표는 누구한테 투표했는지 비밀을 보장하는 원칙이에요. 비밀을 지켜 주지 않으면 친한 사람이나 무서운 사람의 눈치를 봐야 해서 자유롭게 투표할 수 없을 테니까요."

"자, 그럼 이번에는 대통령 이야기를 해 봅시다."

박사의 입에서 기다리던 대통령 선거 이야기가 나오자 모두 눈을 빛내며 대리석 벽을 바라보았어요. 얼마나 뚫어지게 봤는지 벽에 구멍이 뚫릴 것 같았어요.

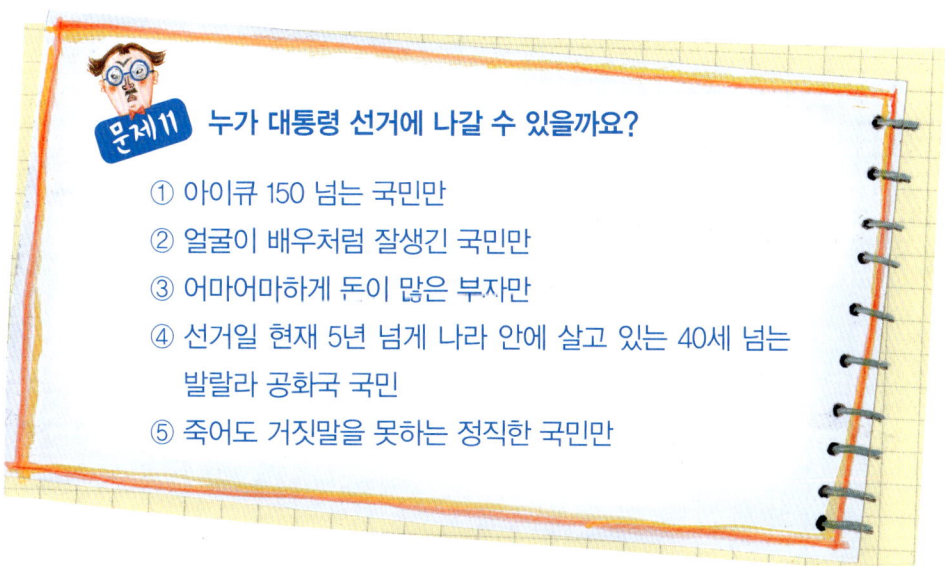

문제11 누가 대통령 선거에 나갈 수 있을까요?

① 아이큐 150 넘는 국민만
② 얼굴이 배우처럼 잘생긴 국민만
③ 어마어마하게 돈이 많은 부자만
④ 선거일 현재 5년 넘게 나라 안에 살고 있는 40세 넘는 발랄라 공화국 국민
⑤ 죽어도 거짓말을 못하는 정직한 국민만

 모두들 에고무서우스를 곁눈질하며 과연 대통령 선거에 나갈 자격이 되는지 부지런히 살폈어요.
 "그동안 문제 푼 실력으로 보아 아이큐 150은 안 될 것 같은데……. 한 문제도 못 맞혔잖아. 쩝."
 "얼굴이 배우처럼 잘생긴 것도 아니고……."
 모두 한숨을 내쉬며 고개를 저었어요.
 "저, 에고무서우스 대왕님, 혹시 어마어마하게 돈이 많으세요?"
 금이빨이 대놓고 묻자 에고무서우스가 위세 당당하게 대답했어요.
 "어험, 이 나라 돈이 다 내 돈 아니겠느냐?"
 "아니, 어째서 제 돈이 대왕님 돈입니까? 제 돈은 제 돈이죠."

금이빨은 대왕이 입고 있는 누더기를 재빨리 훑어 본 뒤 다시 말했어요.

"혹시 알거지는 아니겠지요?"

그러나 허수아비는 돈보다 다른 걱정이 더 앞섰어요.

"5년 넘게 나라 안에 살고 있는 40세 넘는 발랄라 국민이라……. 대왕님 나이야 2백 살이 훨씬 넘었으니까 됐고, 그런데 쭉 죽어 있던 사람은 어떻게 되는 거야?"

"죽었다고 안 하고 그냥 관 속에 누워 있었다고 하면 안 될까?"

"그래, 어차피 관이 나라 안에 있었던 건 사실이잖아."

검은모자와 팔자수염이 맞장구를 쳤어요.

"그럼 정답이 4번이어야 하는데?"

허수아비, 검은모자, 팔자수염은 기도하는 마음으로 물었어요.

"박사님, 정답은 '국내에서 5년 넘게 관 속에 누워 있던 40세 넘는 발랄라 국민'이 맞지요? 제발……."

"'관 속에 누워 있던'이 아니라 '살고 있는' 발랄라 국민이오."

"후유, 아무튼 다행이다."

박사가 덧붙여 설명했어요.

"대통령 선거에 출마할 수 있는 후보 자격은 나라마다 조금씩 다르지만, 거의 모든 민주주의 나라에서는 법을 잘 지키며 산, 일정한 나이가 넘은 국민이면 돼요. 외모나 학력, 재산 따위로 자격을 차별하

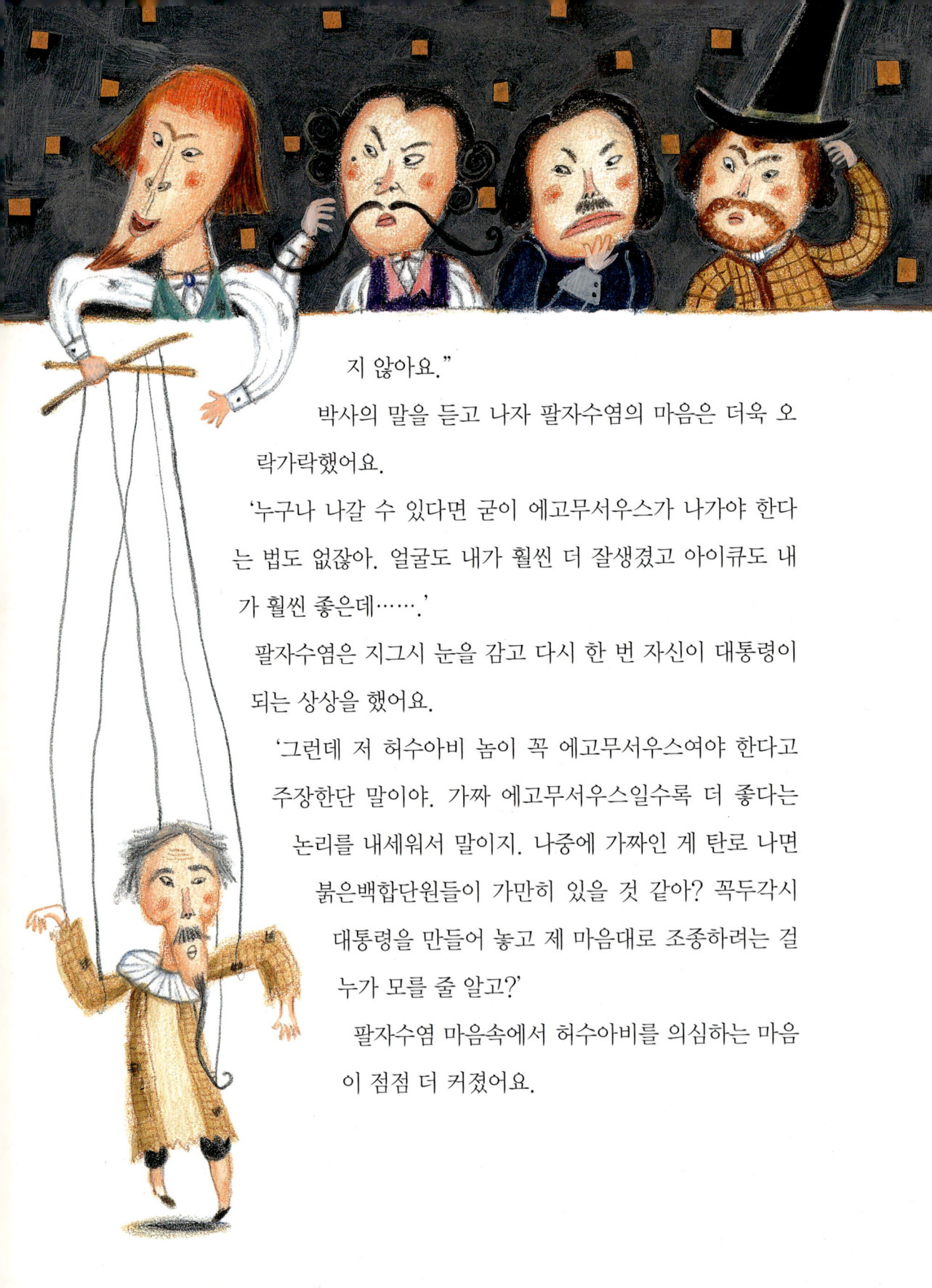

지 않아요."

박사의 말을 듣고 나자 팔자수염의 마음은 더욱 오락가락했어요.

'누구나 나갈 수 있다면 굳이 에고무서우스가 나가야 한다는 법도 없잖아. 얼굴도 내가 훨씬 더 잘생겼고 아이큐도 내가 훨씬 좋은데…….'

팔자수염은 지그시 눈을 감고 다시 한 번 자신이 대통령이 되는 상상을 했어요.

'그런데 저 허수아비 놈이 꼭 에고무서우스여야 한다고 주장한단 말이야. 가짜 에고무서우스일수록 더 좋다는 논리를 내세워서 말이지. 나중에 가짜인 게 탄로 나면 붉은백합단원들이 가만히 있을 것 같아? 꼭두각시 대통령을 만들어 놓고 제 마음대로 조종하려는 걸 누가 모를 줄 알고?'

팔자수염 마음속에서 허수아비를 의심하는 마음이 점점 더 커졌어요.

'흥, 저야 몰락한 귀족이니까 어떻게든 에고무서우스를 내세우고 싶겠지만 내가 왜 그놈 장단에 춤을 춰야 한담? 에고무서우스를 포기하게 하려면 검은모자를 내 편으로 만들면 돼. 그러려면, 그렇지! 엉덩이의 황금빛 반점을 확인해 보는 거야.'

팔자수염은 머리를 이리저리 굴렸어요.

'하지만 그러다가 진짜로 눈이 멀면 어떻게 하지? 아니야, 절대 그럴 리 없어. 저 영감은 가짜가 틀림없으니까. 내 모든 재산을 걸고 맹세할 수 있어. 그 사실만 증명하면……, 흐흐흐!'

대통령과 국회의원, 어떤 일을 할까?

대통령이 되려면?

대통령 선거에 나가려면 5년 넘게 우리나라 안에 산 40세 넘은 대한민국 국민이어야 해요. 또 정당이나 일정한 수의 선거인한테서 추천을 받아야 하지요. 지금 헌법의 대통령 임기는 5년이고, 임기를 다 마치면 다시 대통령이 될 수 없어요. 한 사람의 대통령이 오랫동안 집권하면서 독재 정치를 한 아픈 역사를 되풀이하지 말고 평화롭게 정권을 교체해 민주주의를 발전시키려는 국민의 소망을 담아 낸 것이지요.

대통령이 하는 일

01 대통령은 국가 원수로 나라를 대표해서 외교 업무를 수행해요. 외교, 국방, 통일 같은 국가 안전의 주요 정책을 국민 투표에 부칠 수 있는 권한이 있고, 천재지변 같은 나라의 급한 일이 있을 때 명령을 내릴 수 있어요.

02 대통령은 행정부의 우두머리로 행정부를 이끌고 법률을 집행하며 공무원을 임명하는 권한을 지니고 있어요. 또 국군의 으뜸 통수권자로 국군을 통솔하고 지휘해요.

03 대통령은 국민한테 필요한 법률을 국회에 제출할 수 있고, 법률을 집행하는 데 필요한 명령을 내릴 수 있어요. 또 행정부와 국회의 의견이 부딪칠 때 법률안을 거부할 수 있어요.

04 대통령은 사법부의 대법원장, 대법관, 헌법재판소 재판관을 임명할 수 있어요. 또 국회의 동의를 얻어 죄수들의 형량을 줄이거나 면제해 줄 수 있어요.

국회의원이 되려면?

국회의원 선거에 나가려면 선거일 현재 출마하려는 지역의 주민으로 90일 넘게 등록되어 있는 스물다섯 살 넘은 대한민국 국민이어야 해요. 국회의원의 임기는 4년이고, 임기를 다 마치고도 얼마든지 다시 선거에 출마할 수 있어요.

국회의원이 하는 일

01 나라를 꾸려 가는 데 필요한 여러 종류의 법을 심의하고 제정해요.
02 국민의 대표 자격으로 정부 기관이 하는 일을 감시해요.
03 정부에서 세운 예산을 심의하고 낭비하는 곳은 없는지 확인하고 결정해요.
04 대통령이 국무총리, 대법원장, 감사원장 같은 사람을 임명할 때 반대하거나 동의할 수 있어요.
05 대통령을 비롯한 주요 공무원들이 법에 어긋나는 행동을 할 때 지위에서 물러나게 할 수 있어요. (대통령을 물러나게 하려면 헌법재판소의 판결이 있어야 해요.)

국회의사당과 해태상

민주주의는 국민의 힘으로

"자, 이제 마지막 문제를 풀어 봅시다."

박사가 대리석 벽에 마지막 문제를 적었어요.

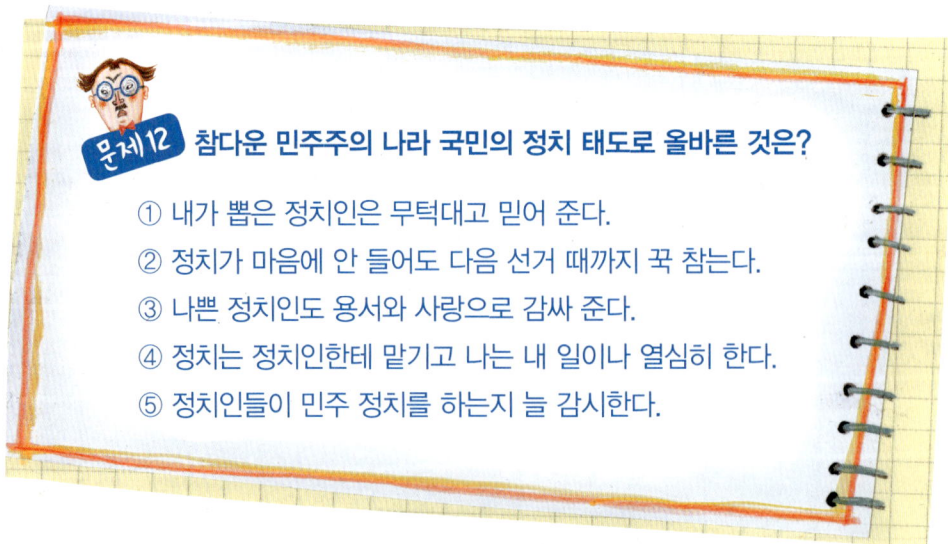

문제 12 참다운 민주주의 나라 국민의 정치 태도로 올바른 것은?

① 내가 뽑은 정치인은 무턱대고 믿어 준다.
② 정치가 마음에 안 들어도 다음 선거 때까지 꾹 참는다.
③ 나쁜 정치인도 용서와 사랑으로 감싸 준다.
④ 정치는 정치인한테 맡기고 나는 내 일이나 열심히 한다.
⑤ 정치인들이 민주 정치를 하는지 늘 감시한다.

"그야, 한 번 뽑았으면 끝까지 믿고 따라야지. 사람이란 의리가 있어야 하는 법이거든."

"맞아. 정치는 정치인들한테 맡기고 국민은 자기 일이나 열심히 해야지. 국민들이 말이 많으면 나라가 혼란스러워진다고요."

검은모자와 팔자수염은 쿵짝이 잘 맞았어요. 에고무서우스도 고개를 끄덕였어요.

"만일 내가 대통령이 됐는데 국민들이 이래라저래라 하면 정말 짜증날 거야. 한번 뽑아 줬으면 마음대로 하게 팍팍 밀어 줘야지!"

용가리 박사는 마지막 수업까지도 정신을 못 차리는 학생들한테 진저리가 났어요. 다시 한 번 입에서 뜨거운 불길을 확 내뿜고 싶었어요. 억지로 마음을 가라앉히고 겨우 입을 열었어요.

"바다 건너 미국이라는 나라에 링컨이라는 대통령이 있었어요. 그분이 민주주의가 어떤 건지 아주 훌륭한 말을 남겼지요. 민주주의란 바로 '국민의, 국민에 의한, 국민을 위한 정치'라고요."

"그게 지금 이 문제와 무슨 상관이 있어요?"

팔자수염이 세상에서 가장 멍청한 얼굴로 물었어요.

"민주주의란 국민 스스로, 국민 자신을 위해 만들어 나가는 정치라는 뜻이지요."

"그러니까 그게 이 문제와 무슨 상관이 있냐고요?"

"정치인을 뽑았다고 자기 할 일이 다 끝났다고 생각한다면 민주주의 나라 국민이라고 할 수 없겠지요?"

"아, 글쎄 그게 이 문제랑 무슨 상관이냐고요?"

팔자수염이 끈질기게 묻자, 박사는 화가 나서 머리카락이 지글지글 타오르는 느낌이 들었어요.

"그러니까 정치인을 뽑은 것으로 할 일을 다했다고 생각하면 안 된다고요! 그 정치인이 국민을 대표해서 정치를 잘하는지, 아니면 권력을 등에 업고 제 이익만 차리는지 잘 감시해야 한다고요!"

박사가 버럭 소리를 지르자 팔자수염은 어깨를 움츠렸어요.

"흥, 감시는 무슨! 국민이 도둑 잡는 포졸도 아니고."

"말 잘했어요. 옛날 동쪽의 조선이라는 나라에 정약용이라는 학자가 있었는데, 그 분은 제 이익만 차리는 관리들은 큰 도둑이나 마찬가지라고 했어요. 그러니까 국민은 정치인들이 국민의 힘을 훔쳐 제 이익만 차리는 데 쓰는지, 정말 국민을 위해 힘을 쓰는지 늘 지켜봐야 해요."

"제 이익을 위해 정치하는 정치인은 도둑이나 다름없다고?"

박사의 말에 에고무서우스는 깊은 생각에 잠겼어요. 하지만 박사는 기쁜 목소리로 딱 잘라 말했어요.

"이것으로 수업 끝! 당신들이 무슨 꿍꿍이를 꾸미든, 이젠 나와는 끝이라고요, 끝! 끝! 끝!"

박사는 시원하게 외치고 나서 검은 돈가방을 열어 눈으로 돈다발을 세어 보았어요. 그러더니 가방을 닫고 문짝이 떨어져 나간 현관으로 뚜벅뚜벅 걸어갔어요.

"자, 두 번 다시는 만나지 맙시다. 세상에서 가장 멍청한 양반들, 영원히, 영원히, 안녕!"

박사는 검은 돈가방을 들고 바람에 옷자락을 휘날리며 무너진 성벽 너머로 사라져 갔어요.

"으아으아, 으악!"

그날 밤 자정, 무너진 성터에 난데없이 날카로운 비명 소리가 울려 퍼졌어요.

"에고무서우스 대왕은 가짜다! 몽땅 다 거짓이다!"

기쁨에 찬 팔자수염의 목소리였어요. 갑작스러운 비명 소리에 검은 모자와 허수아비가 뛰쳐나왔어요. 팔자수염은 미친 사람처럼 웃으며 무너진 복도를 이리저리 뛰어다니고 있었어요.

"으하하! 뭐? 엉덩이에 태양 모양의 황금빛 반점이라고? 아이고 웃겨라, 웃겨!"

팔자수염은 눈물까지 흘려가며 웃어 댔어요.

"황금빛 태양은 무슨? 흐흐. 원숭이 엉덩이처럼 빨갛다네!"

팔자수염은 아예 바닥에 털썩 주저앉아 두 다리를 구르며 노래를 불렀어요.

"원숭이 엉덩이는 빨개! 대왕님 엉덩이도 빨개!"

어리둥절하게 서 있던 검은모자가 겨우 입을 뗐어요.

"그러니까 대왕님의 엉, 엉, 엉덩이를 실제 봤단 말이야? 그랬는데도 눈이 안 멀었다고?"

"그렇다마다! 등불을 들고 몰래 들어가 엉덩이를 살짝 벗겨 보았지. 그랬더니, 글쎄 황금빛 태양은커녕 원숭이 엉덩이처럼 새빨간 엉덩이가 거기 있더란 말이지. 으하하!"

팔자수염은 땅을 치며 웃어댔어요.

"음, 그렇다면 저 영감이 정말 에고무서우스 대왕이 아니라는 이야기? 아니면 전설이 거짓말이었거나?"

허수아비가 시커먼 눈썹을 치켜세우며 생각에 잠겼어요. 그때 금이빨과 함께 에고무서우스가 나타났어요.

"네 이놈! 감히 대왕의 엉덩이를 훔쳐보다니."

그러나 팔자수염은 끄떡도 안 했어요.

"아하, 그놈의 대왕 소리 이제 그만 하시지. 가짜인 주제에!"

그 순간 팔자수염이 '악' 소리와 함께 바닥에 픽 고꾸라졌어요. 에고무서우스의 지팡이가 팔자수염의 이마를 번개처럼 내리친 것이었어요. 얼마나 재빨랐는지 도저히 사람의 솜씨라고는 볼 수 없었어요. 팔자수염은 정신을 잃고 꼼짝도 하지 않았어요.

"너희도 내가 가짜라고 생각하느냐?"

검은모자와 허수아비는 슬금슬금 뒷걸음치며 대답했어요.

"아니, 뭐, 가짜라기보다는, 진짜면 좋겠지만……. 솔직히 대왕님의 몰골이 어째 가짜라는 의심이 들기도 하지만, 그래도 진짜라고 애써 믿는데 자꾸 가짜라는 생각도 안 드는 건 아니고, 가짜든 진짜든 아무래도 상관없다는 쪽이지요."

그러자 에고무서우스의 두 눈에서 불길이 일었어요. 마치 해골바가지의 눈에서 불길이 일어나듯 무서운 모습이었어요. 세 사람은 저도 모르게 몸을 떨었어요.

"자, 나를 따라오너라!"

에고무서우스는 앞장서서 계단을 내려갔어요. 지하로 난 계단은 끝없이 이어져 있었어요. 아래로 내려갈수록 공기는 더 서늘하고 축축해졌어요.

얼마나 내려갔을까, 마침내 에고무서우스는 커다란 나무 문 앞에서 발을 멈추었어요.

 덩치 좋은 남자 열 사람이 달라붙어도 열 수 없을 만큼 무거워 보이는 문이었어요. 하지만 에고무서우스가 손가락으로 가볍게 밀자 무거운 나무 문은 힘없이 열렸어요.
 갑자기 나타난 사람들에 놀란 생쥐 떼들이 여기저기서 아우성을 쳐댔어요. 기분이 섬뜩해진 금이빨이 물었어요.
 "여기가 어딘데요? 기분 되게 안 좋네."
 에고무서우스가 엄숙한 목소리로 대답했어요.
 "여기가 내가 199년 동안 누워 있던 비밀의 방이다!"
 허수아비가 들고 있던 등불을 높이 쳐들자 방의 모습이 드러났어요. 방 한가운데는 정말 열린 지 얼마 안 돼 보이는 나무 관이 놓여 있었어요. 나무 관은 보잘것없었지만 안쪽에는 에고무서우스의 붉은 백합 문장이 뚜렷이 박혀 있었어요.
 "진짜가 맞네! 대왕님은 진짜가 맞아! 그러니 어서 빨리 여기를 나가자고요. 유령이라도 확 튀어나올 것 같아서 어째 기분이 영……."
 한참 오도방정을 떨던 금이빨이 문득 궁금해 죽겠다는 얼굴로 물었어요.
 "그런데 엉덩이의 황금빛 반점은 무슨 이야기예요? 원숭이 엉덩이는 또 뭐고?"

에고무서우스가 어쩔 수 없다는 듯 자신의 비밀을 털어놓았어요.

"그래, 내 엉덩이에는 빨간 흉터가 있지. 막 걸음마를 시작한 두 살 때, 유모가 잠깐 바닥에 내려놓은 화로에 주저앉아 엉덩이를 데었거든. 그래서 내 엉덩이가 원숭이 엉덩이처럼 빨갛게 된 거야."

"그런데 왜 황금빛 태양이라는 헛소문이 떠돌았을까요?"

"그건 헛소문이 아니야. 내 엉덩이가 원숭이 엉덩이라는 사실이 밝혀질까 봐 내가 일부러 만들어낸 얘기지. 생각해 봐. 대왕님 엉덩이는 원숭이 엉덩이! 이런 사실이 온 나라에 퍼진다면 백성들이 나를 얼마나 우습게 생각하겠는지."

금이빨은 고개를 끄덕였어요.

"하긴 거짓 귀족 노릇을 해 온 제가 엉덩이에 푸른 반점이 없다는 것을 들켰을 때, 정말 죽고 싶은 심정이었지요."

한방을 쓰는 동안 그럭저럭 정이 든 금이빨은 에고무서우스한테 동정심을 느꼈어요. 그런데 에고무서우스가 대뜸 이렇게 되묻는 게 아니겠어요?

"뭐? 엉덩이의 푸른 반점? 그게 뭔데?"

이번에는 검은모자와 허수아비가 깜짝 놀랐어요.

"어? 엉덩이의 푸른 반점을 모르세요? 귀족 가문 표시잖아요?"

"뭐라고? 이런, 이런, 괘씸한!"

에고무서우스가 갑자기 위를 쳐다보더니 누군가를 불렀어요.

"이봐, 이봐, 푸들 경! 푸들 경! 거기 있나? 있으면 이리 좀 나와 보게."

그러자 텅 빈 허공에 푸르스름한 연기가 피어올랐어요. 연기는 조금씩 짙어지더니 곧 어슴푸레한 형상을 만들어 냈어요. 덥수룩한 수염에 백발을 한 늙은 마부의 모습이었어요.

"앗, 진짜 유령이다!"

금이빨은 몸을 부들부들 떨었어요. 그러나 에고무서우스는 아무렇지도 않게 유령한테 호통을 쳤어요.

"푸들 경의 짓이지? 엉덩이에 푸른 반점이 귀족 가문의 표시라니?"

그러나 푸들 경의 유령은 딴청을 피우며 느릿느릿 대답했어요.

"제가 뭘 어쨌다는 말입니까?"

"그래, 자네 엉덩이의 푸른 반점이 언제 귀족 가문의 표시로 바뀌었는가?"

"아아, 그것 말입니까? 대왕님이 관 속에 들어가 잠에 빠지고 나서 제가 거짓말을 좀 했지요. 하지만 대왕님께서 한낱 마부인 저를 귀족으로 만들어 주겠다고 약속하신 건 사실이지 않습니까?"

"그래도 그렇지. 내 자네를 아껴 '경'이라고 불러 준 게 어딘데, 여기 자네 후손들까지 다 높은 귀족으로 만들어 버렸나?"

그러자 푸들 경의 유령은 이렇게 말하고는 서둘러 사라졌어요.

"참, 대왕님도. 어차피 귀족이나 평민이나 다 똑같은 사람인데 뭘 그러십니까? 제 후손들이 귀족 대접 좀 받았다고 세상이 두 쪽 나는 것도 아니고. 대왕님도 어지러운 인간 세상에 미련 끊고 어서 저승으로 오십시오. 그럼 기다리겠습니다."

다시 연기로 바뀐 유령이 사라지고 나자 금이빨은 두 팔을 걷어붙이고 따졌어요.

"나 보고 가짜 귀족 노릇했다고 난리더니, 당신들은 조상이 가짜 귀족 노릇을 한 거였군!"

하지만 검은모자와 허수아비는 넋이 나간 얼굴로 이렇게 중얼거릴 뿐이었어요.

"그럴 리가 없어, 그럴 리가!"

"그럴 리가 없다니, 지금까지 푸들 경이 말한 건 다 사실이라네. 푸들 경은 내 전용 마차를 몰던 마부였지."

가장 먼저 정신을 차린 허수아비가 따져 물었어요.

"아무리 그렇다고 해도 그렇지. 고작 2백 년도 안 된 시간에 푸들 경의 자손이 이렇게 많아질 수가 있습니까?"

"이보게. 푸들 경한테는 형제가 여든여덟이나 있었고, 그 형제마다 또 여든여덟 자식이 있었다네. 수학에 자신이 있다면 계산해 보게나."

듣고 있던 검은모자가 울상을 지었어요.

"그럼, 진짜 귀족 표시는 뭔데요?"

"그런 게 어디 있어? 좀 전에 푸들 경 말 못 들었나? 귀족이나 평민이나 심지어 노예까지도 다 똑같은 사람이라고! 귀족 표시니 뭐니 이런 건 다 귀족들이 만들어 낸 거짓말이지! 그래서 하는 말인데……."

에고무서우스는 한 사람 한 사람 얼굴을 둘러보고 나서 말을 이었어요.

"난 대통령 선거에 나가지 않겠네. 대통령이 되지 않겠어."

"아니, 왜요? 다시 왕이 되려고 돌아온 거 아니었어요?"

"그랬지. 하지만 용가리 박사의 강의를 듣고 나서 그런 마음이 없어졌어. 대통령이 왕은 아니잖아. 또 선거에 나간다고 해도 국민들이 뽑아줄 것 같지도 않고."

"글쎄, 그건 걱정하지 말라니까요. 제게 좋은 생각이 있어요. 바로 부, 정, 선, 거! 계획이지요."

"부정선거라니?"

모두 고개를 번쩍 들고 허수아비를 바라보았어요.

"공정하고 투명한 선거의 반대지, 뭐긴 뭐야? 우린 돈이 많으니까 돈을 마구 풀어서 유권자들의 마음을 사는 거야. 사탕도 사서 돌리고, 점심도 대접하고, 선물도 돌리고, 관광도 보내 주고, 길거리에 돈도 막 뿌리고, 지킬 수 없는 번지르르한 약속을 하면서 '한 표만 찍어 주세요!' 하는 거지."

금이빨이 얼굴을 찌푸렸어요.

"그거 나쁜 거 아니에요? 선거가 공명정대해야지!"

"무슨 소리! 목적을 이루려면 수단 방법을 안 가리는 게 정치라고!"

하지만 에고무서우스의 얼굴은 여전히 어두웠어요.

"그렇게 해서 대통령이 되면? 대통령이 된다고 끝나는 건 아니지 않나? 박사가 말했다시피 국민들은 늘 우리를 감시할 거라고."

"거기까지도 다 생각이 있어요. 대통령이 되고 나면 군대부터 우리 편으로 만드는 거예요. 대통령한테는 군대 통수권이 있으니까 불면의 군대를 다시 만드는 거죠."

"무슨 권?"

"아이고 무식들 해라! 대통령한테는 군대를 통솔할 수 있는 권한이 있으니까 군대부터 우리 편으로 만드는 거야. 군대만 우리 손에 들어와 봐. 무서울 게 뭐가 있나?"

허수아비는 자랑스럽게 자신의 계획을 늘어놓았어요.

"군대와 경찰을 우리 편으로 만든 다음에는 신문과 방송 같은

언론을 우리 편으로 만드는 거야. 우리를 욕하는 기자나 방송인은 싹 잘라 버리고 우리를 칭찬하는 말만 앵무새처럼 떠들게 하는 거지."

"맞아, 맞아. 사람들은 방송에서 떠드는 말에 알게 모르게 중독되거든. 방송에서 날마다 우리를 칭찬하면 정말 우리가 좋은 정치를 한다고 생각할 거야."

검은모자도 거들었어요.

"그러면 다시 우리의 행복한 세상이 올 텐데, 왜 대통령 선거에 안 나가겠다고 하십니까?"

에고무서우스가 머뭇거리자 금이빨이 다시 소리쳤어요.

"이것들 보세요. 그건 못된 독재자들이나 쓰는 방법이라고요. 역사 속의 이름난 독재자들이 다 어떻게 되었나 생각들 좀 해 보세요."

"어떻게 됐는데?"

검은모자가 두 눈을 끔뻑이며 정말 모르겠다는 듯이 물었어요.

"어유, 끝내는 국민들 손에 다 쫓겨났지요. 발랄라 공화국에 왕과 귀족이 생겨나서 독재정치를 한다면 국민들이 가만히 안 있을걸요? 역사의 수레바퀴는 되돌릴 수 없다고요."

"치, 쟤가 언제 저렇게 똑똑해졌냐? 앞뒤가 딱딱 맞는 말만 하네."

검은모자가 모자챙을 올렸다 낮았다 하며 불만스러운 얼굴로 말했어요. 마침내 에고무서우스가 입을 열었어요.

"아무튼 나는 대통령이 되고 싶지 않다네."

에고무서우스의 목소리가 슬픔에 젖어 떨려 나왔어요.

"두 번 다시 백성들한테 사랑 못 받는 왕이 되고 싶진 않아. 태양왕 시절에도 모두들 두려워했을 뿐, 아무도 나를 사랑하지는 않았지. 오죽하면 내 이름이 에고, 무서우스였겠나? 세 살짜리 아기들도 내 이름을 들으면 울다가도 뚝 그쳤다지. 아무한테도 사랑 못 받는 왕은 불행한 거야."

에고무서우스는 깊은 한숨을 쉬었어요.

"내가 만일 대통령이 된다면 발랄라 국민들한테 사랑받는 대통령이 되고 싶네. 하지만 나한테는 그럴 힘이 없어. 자네들도 보지 않았나? 나는 민주 정치가 뭔지 하나도 모른다고. 대통령이 된다 해도 국민들을 위한 정치는 할 수 없을 거야. 그러니 이만 나를 놓아 주게."

검은모자와 허수아비는 맥 빠진 눈으로 멍하니 마주보았어요. 에고무서우스 대왕이 대통령에 안 나간다면 모든 계획은 물거품인데…….

에고무서우스가 끙, 하고 몸을 일으켜 세웠어요.

"남은 생애 독재자가 되느니 차라리 발랄라 공화국의 착한 시민으로 살아가려네."

그러자 금이빨이 손뼉을 치며 말했어요.

"저도 이 말도 안 되고 냄새 나고 어두컴컴하고 바보 같고 지긋지긋한 음모에서 이만 빠지겠습니다. 잘난 귀족 나리들께서 잘들 해 보시지요. 흥!"

금이빨은 에고무서우스를 부축해서 천천히 문 뒤로 사라져 버렸어요. 퀴퀴하고 눅눅한 바람이 멍하니 서 있는 세 사람의 한가운데로 파고들었어요.

그로부터 한 해 뒤, 발랄라 국회의사당이 보이는 길가에서 거지 셋이 서로 다투고 있었어요.

"이 꼴이 대체 뭐냐고? 이게 다 자네 탓이야!"

벗겨진 머리에 땟국물이 줄줄 흐르는 남자는 어디선가 많이 본 얼굴이었어요. 머리에 높다란 모자도 안 쓰고 기름기 흐르던 얼굴이 거칠어지긴 했지만, 검은모자가 틀림없었어요.

"자네가 부정선거가 통할 거라고 하지 않았나? 그래, 이 많은 사탕은 다 어떻게 할 거냐고?"

옆에 있는 깡마른 남자를 추궁하는 사람은 끝이 갈라지긴 했지만 여전히 팔자수염을 하고 있었어요. 팔자수염은 사탕이 가득 쌓인 낡은 수레를 가리키며 옆에 있는 남자를 구박했어요.

"사람들이 사탕을 받아먹기는커녕 선거법을 어겼다고 우리를 고발해 버렸다고!"

"사탕 사느라고 전 재산 다 날리고, 선거법 위반으로 벌금 왕창 내고, 우린 이제 오갈 데 없는 거지 신세야. 으앙!"

검은모자가 마침내 울음을 터뜨렸어요. 그 옆에 서 있던 깡마른 남자는 허수아비가 틀림없었어요. 허수아비는 눈을 아래로 떨군 채 우물쭈물 말했어요.

"어떻게 하긴 뭘 어떻게 해? 배고픈데 사탕이라도 하나씩……."

땟국물이 흐르는 채로 사탕을 빨고 있는 세 사람 앞에 한 신사가 나타났어요. 신사는 수레 위의 사탕을 만지작거리며 물었어요.

"이 사탕 파는 건가요?"

"네네, 천 원에 세 개입니다."

모자 없는 검은모자가 얼른 일어나 손님을 맞았어요. 그런데 신사가 씩 웃는 순간, 검은모자는 눈을 제대로 뜰 수가 없었어요. 입속에서 누런 황금빛이 쏟아져 나왔기 때문이에요.

"앗, 금이빨! 그, 그런데 가슴에 단 그 배지는?"

"아아, 자랑스러운 발랄라 국민의 대표라는 표시지요."

"그럼, 금이빨 씨가 국회의원?"

모두 눈이 휘둥그레졌어요. 그때 사탕을 이리저리 살펴보던 금이빨이 말했어요.

"이 사탕들은 아무래도 불량식품 같군요. 어린이들 몸에 안 좋은 색소가 들어 있는 것 같아. 국회에서 어린이 식품 안전법을 만든 지가 언제인데 아직 이런 불량식품을 파는 사람들이 있다니. 쯧쯧! 어서 민주 경찰에 신고를 해서……."

세 사람은 깜짝 놀라 어깨를 움츠렸어요.

"아니, 이건 파는 게 아니라 저희 한 해치 식량입니다. 저희가 워낙 사탕을 좋아해서……."

"쯧쯧, 그러다가 이 다 썩습니다."

"저 그런데, 에고무서우스 대왕님은 잘 계시는지……."

"잘 계시고말고요. 우리 동네를 대표하는 의원이 되어 구의회에서 일하고 계시지요. 동네 사람들한테 아주 사랑받는 의원입니다. 그럼 전 발랄라 국민들을 위해 할 일이 많아서 이만……."

그러자 잔머리 굴리기 9단인 허수아비가 재빨리 앞으로 나섰어요. 그는 자신의 누더기 옷을 가리키며 불쌍한 얼굴로 애걸했어요.

"저, 저, 저, 국회의원 나리를 만났으니 하는 말인데 우리 같은 가난한 발랄라 국민들을 위한 특별한 정책을 세우실 계획은 없으신지요. 공짜로 왕창 돈을 안겨 주는 산타클로스법이라든지……."

"아시잖아요. 우리 발랄라 공화국은 일하고 싶어 하는 모든 국민한

테 일자리를 보장하고 있다는 걸. 물론 귀족 양반들한테 특별 대우는 안 하지만요. 그럼 안녕히!"

금이빨은 정중히 인사를 하고는 지팡이를 휘두르며 길 건너편으로 사라졌어요.

"아이고, 저 천한 놈이 국회의원이 되다니, 아이고 억울해!"

"모두 다 평등한 이 더러운 세상!"

세 사람은 땅을 치며 통곡했어요. 길을 지나던 밝은 얼굴의 발랄라 공화국 국민들이 고개를 갸웃거리며 세 사람을 바라보았어요.

국민이 정치에 참여할 수 있는 방법에는 무엇이 있을까?

선거와 국민 투표

국민이 정치에 참여할 수 있는 가장 쉽고도 확실한 방법이에요. '투표'라는 말이 '표를 던지다'는 뜻이니까 넓게 보면 선거도 투표에 속한다고 볼 수 있지요. 선거는 국회의원이나 대통령처럼 '대표'를 뽑는 일이고, 국민 투표는 헌법을 바꾸는 것처럼 나라의 중요한 문제가 있을 때 국민들한테 일일이 찬성 반대 의견을 묻는 것을 말해요.

시민 단체 활동

시민 단체에 들어가 활동해요. 시민 단체는 민주정치가 제대로 이루어지고 있는지 감시하려고 시민들 스스로 만든 단체예요. 시민 단체의 힘이 커지면 커질수록 정부는 국민을 위한 정치에 힘을 기울이게 되지요. 요즘에는 시민 단체가 많아져서 환경, 통일, 인권, 소비자 권리, 빈민 문제 같은 여러 분야에 큰 목소리를 내고 있어요.

집회나 시위에 참여하는 것은 헌법이 보장하는 국민의 권리예요.

정당 활동

정치 의견이 같은 정당에 들어가 활동해요. 정당은 정권을 잡으려고 정치 의견이 같은 사람들끼리 모여 만든 단체예요. 정당에 가입해 지지하는 정치인을 위해 열심히 활동하는 것도 정치에 참여하는 좋은 방법이에요.

여론 만들기

신문이나 잡지, 텔레비전이나 라디오, 인터넷 같은 곳에 자신의 정치 의견을 밝혀요. 때에 따라서는 집회나 시위에 참여해 뜻이 같은 사람들끼리 한 목소리를 낼 수도 있지요. 정치에서는 여론의 움직임이 중요해요. 여론이란 많은 국민들의 의견이에요. 국민들이 자신의 정치 의견을 활발히 밝히는 것은 올바른 여론을 만들어 잘못된 정치를 바로잡는 데 큰 도움을 줄 수 있어요.

늘 깨어 있기

내 이웃, 내가 사는 작은 동네 일부터 관심을 두고, 내 권리가 무시당하지는 않는지, 국가가 나를 주인으로 대우하고 있는지 늘 살펴요. 민주주의는 권리 의식을 지닌 깨어 있고 당당한 국민의 힘으로 더욱 발전할 수 있어요.

학교에서 강제로 일제고사를 치르게 하는 것에 반대해 '일인시위'를 하고 있어요.

오늘날엔 거의 모든 나라가 민주주의 정치를 하고 있어요. 하지만 민주주의가 뿌리내리고 발전한 과정은 나라마다 달라요. 오늘날 우리가 누리고 있는 소중한 민주주의가 어느 날 하늘에서 뚝 떨어진 것은 아니겠지요?

사람이 곧 하늘이다 — 동학의 외침

우리나라에도 '사람은 누구나 평등하다.'는 외침이 있었어요. 안으로는 부패한 벼슬아치들이 백성들을 괴롭히고 밖으로는 일본을 비롯한 강대국들이 나라를 삼키려고 넘보던 조선 말, 동학이라는 새로운 생각이 싹텄어요.

동학의 바탕은 '인내천', 곧 '사람이 곧 하늘이다.' '사람은 양반 상놈 구별 없이 모두 귀하고 평등하다.'는 생각이에요. 동학은 이런 생각을 바탕으로 외세의 침략을 물리치고 신분제도 같은 낡은 사회 질서를 뒤엎어, 누구나 평등한 새로운 나라를 세우자고 외쳤어요.

하지만 제 이익을 빼앗기기 싫어한 양반들은 일본과 손을 잡고 동학운동을 마구 짓밟아 버렸어요. 동학이 외친 '사람은 누구나 평등하다.'는 생각은 피어나지 못한 꽃으로 지고 말았지만, 양반과 상놈의 차별을 당연하게 여기던 그때 사람들의 마음속에 새로운 희망을 깊이 아로새겼어요.

1894년 동학 혁명군을 이끈 '녹두장군' 전봉준

대한민국 민주 공화국으로 출발하다 (1948년)

동학의 외침을 짓밟아 버린 조선은 마침내 일본의 식민지가 되어 36년 동안 나라 없는 설움을 당해야 했어요. 2차 세계대전에서 패한 일본이 물러나자 비로소 우리나라는 새로운 나라를 세울 희망에 부풀었어요.

그런데 어떤 나라를 세울 것인지 의견이 엇갈렸어요. 남한과 북한에 군대를 둔 미국과 소련의 의견이 많이 달랐기 때문이에요. 끝내 남한과 북한은 서로 나뉘어 나라를 따로 세우는 슬픔을 맞이했지요. 남한이 1948년 8월 15일 대한민국 수립을 선포하자 같은 해 9월 9일 북한도 조선민주주의인민공화국 수립을 선포했어요. 대한민국은 제헌 의회에서 만든 헌법에 따라 국민한테 나라의 주권이 있는 민주 공화국으로 출발했어요.

제헌 국회에서 이승만 대통령이 연설하는 모습

국민의 힘으로 대통령을 물러나게 하다 4·19 혁명 (1960년)

우리나라 첫 대통령 이승만은 네 번이나 대통령에 뽑혔어요. 처음에는 국민의 직접선거가 아니라 국회에서 뽑는 간접선거로 대통령이 되었어요. 두 번째 대통령으로 뽑힐 때는 헌법을 고쳐 직접선거를 했는데, 민주주의가 더 발전해서라기보다는 직접선거가 이승만 대통령한테 유리했기 때문이에요. 세 번째 대통령으로 다시 뽑힐 때도 헌법을 고쳐야 했어요. 왜냐하면 헌법에서 같은 사람이 세 번 잇따라 대통령을 할 수 없게 정해 놓았거든요. 이승만 대통령은 이렇게 헌법까지 고쳐

3·15 부정선거에 맞서 거리로 나온 사람들

형과 누나들한테 총을 쏘지 말라고 울부짖는 초등학생들

가며 독재정치를 했어요. 1960년 3월 15일 4대 대통령 선거 때는 군인과 경찰을 앞세워 부끄러운 부정선거까지 저질렀지요.

국민들은 권력에만 욕심이 있는 대통령을 두고 볼 수가 없었어요. 그래서 3·15 부정선거에 맞서 전국에서 들고 일어났어요. 경찰은 물밀 듯 밀려오는 시위대한테 총을 쏘았어요. 경찰이 쏜 총에 맞아 많은 사람들이 죽거나 다치고, 또 감옥으로 끌려갔지만 시위는 멈추지 않았어요. 마침내 이승만 대통령은 국민의 힘에 밀려 대통령 자리에서 물러날 수밖에 없었지요. 대통령을 왕처럼 여기는 낡은 생각에 빠져 있던 많은 사람들한테 4·19 혁명은 국민이 나라의 주인이라는 참된 민주주의를 깨닫게 하는 기회가 됐어요.

피에 얼룩진 민주주의 꽃 5·18 광주 민중 항쟁(1980년)

이승만 대통령이 물러나고 국민들은 민주주의가 활짝 꽃필 것을 기대했어요. 그러나 4·19 혁명이 틔운 민주주의의 씨앗이 제대로 뿌리를 내리기도 전에, 육군 소장 박정희가 쿠데타를 일으켜 정권을 잡았어요. 쿠데타란 힘으로 정권을 빼앗는 것을 말해요.

이때부터 우리나라의 오랜 군사독재의 역사가 시작되었어요. 박정희 대통령은 18년 동안이나 장기 집권을 했는데, 권력을 안 잃으려고 헌법을 마구 뜯어고쳤어요. 1972년 유신헌법에서는 대통령 선거를 간접선거로 바꾸고, 대통령을 몇 차례든 다시 할 수 있게 대통령 중임 제한 조항을 없앴어요.

광주 금남로에 모인 시위대와 총칼을 들고 나온 군인들

박정희 대통령이 우리나라의 경제 발전을 이끌었다는 평가도 있어요. 하지만 헌법을 마음대로 고쳐가면서 18년 동안이나 집권한 것은 민주주의와는 거리가 멀어요. 박정희 대통령은 군인 출신답게 군대와 경찰을 앞세워 자신의 독재정치에 반대하는 사람들을 무자비하게 탄압했어요. 민주주의를 외치는 사람들은 억울하게 목숨을 잃거나 오랫동안 차가운 감옥에 갇혀 있기도 했어요.

1979년 박정희 대통령이 부하한테 암살당하자, 오랜 겨울이 끝나고 민주주의의 봄이 오는 것 같았어요. 그러나 역시 군인이던 전두환이 다시 한 번 쿠데타를 일으켜 대통령이 되었어요. 1980년 5월 18일 전라남도 광주에서 군사독재에 반대하는 민중 항쟁이 일어났어요. 그런데 전두환 대통령은 시위대를 폭도로 몰아 광주로 통하는 길목을 모두 끊고 군대를 보내 총칼로 탄압했어요. 광주 시민들은 굴복하지 않고 시민군을 조직해 목숨을 걸고 맞서 싸웠어요. 그 과정에서 수많은 시민이 죽거나 부상을 당했어요.

광주 민중 항쟁은 박정희 대통령부터 이어져 온 오랜 군사독재를 끝내고 참된 민주정부를 세우자는 간절한 외침이었어요. 하지만 너무도 가혹한 탄압으로 제대로 피지도 못하고 지고 말았지요. 그러나 그 외침은 7년 뒤 6월 민주화 항쟁으로 이어졌어요.

나라의 주인은 국민이다 — 6월 민주화 항쟁(1987년)

전두환 대통령은 국민들의 권리를 빼앗고 정부에 반대하는 사람들을 탄압하면서 독재정치를 했어요. 그런데 1987년 2월 경찰에 끌려가 고문을 받던 대학생이 하룻밤 사이에 목숨을 잃은 사건이 일어났어요. 국민들은 분노했고 전두환 대통령은 국민의 신뢰를 잃었어요. 이와 더불어 내 손으로 대통령을 뽑고 싶다는 국민들의 소망도 날로 커져 갔어요.

대통령 직접선거를 하면 정권을 잃을 것이 뻔하자 전두환 대통령은 간접선거 제도를 바꾸지 않겠다고 선언했어요. 국민들의 불만이 높아지는 가운데 시위를 벌이던 대학생이 경찰이 쏜 최루탄에 맞아 그 자리에서 죽는 사건이 일어났어요. 이 사건으로 정부에 반대하는 시위가 온 나라로 들불처럼 번져 나갔어요.

국민들은 날마다 거리로 쏟아져 나와 군사독재를 끝내고 민주화를 이루자고 외쳤어요. 경찰이 쏘아대는 최루탄 연기와 이에 맞서 시민들이 던진 돌멩이로 거리는 전쟁터와 같았지요. 마침내 전두환 대통령도 두 손을 들 수밖에 없었어요.
6월 민주화 항쟁에서 이긴 국민들은 내 손으로 대통령을 뽑을 수 있는 주인의 권리를 되찾았어요. 6월 민주화 항쟁은 대학생뿐 아니라 온 국민이 하나가 되어 일어났기 때문에 더욱 뜻이 깊어요.

경찰이 쏜 최루탄에 맞아 세상을 떠난 대학생 이한열 군의 장례 행렬

풀뿌리 민주주의를 시작하다 — 지방자치제 실시

지방자치제도 체험 행사

지방자치제도는 내 고장 살림을 주민들이 참여해 스스로 꾸려 나가는 제도예요. 주민들이 대표를 뽑아 의회를 꾸려 지역의 문제를 의논하고 결정해요. 또 의회에서 결정된 정책을 집행하는 지역단체장도 주민들 손으로 뽑아요.

우리나라의 지방자치제도는 민주주의 발전과 걸음을 같이했어요. 대한민국 정부 수립 때 헌법에 지방자치제를 하라고 정해 놓았지만 6·25전쟁 탓에 1952년에야 지방의회가 들어섰어요. 그러나 이마저도 오랫동안 대통령을 하려는 이승만 대통령의 도구일 뿐이었지요.

4·19 혁명으로 이승만 대통령이 물러난 뒤 제대로 지방자치제도를 해 보려고 했지만 군사 쿠데타로 정권을 잡은 박정희 대통령은 아예 지방의회를 해산해 버렸어요. 그 뒤 군사정권 시절 내내 지방자치제도는 법으로만 남아 있을 뿐 시행하지는 않았어요.

1987년 6월 민주화 항쟁으로 국민들이 민주주의에 크게 눈을 뜨면서, 1991년에 비로소 군의회, 시의회 같은 지방의회가 구성되었어요. 1995년에 시장, 도지사 같은 지방자치 단체장들을 직접선거로 뽑으면서 제대로 된 지방자치 시대가 열렸지요.

내 고장의 문제를 스스로 해결해 나가는 지방자치제도는 민주주의의 뿌리라고 할 수 있어요. 그래서 흔히 '풀뿌리 민주주의'라고도 하지요. 하지만 제도가 있다고 해서 민주주의가 바로 이루어지는 것은 아니에요. 내용을 알차게 채워서 참된 민주주의로 가꾸어 나가는 것이 우리의 몫이에요.